NEW CLASSIC
SERIES

救いは今です

キリスト教案内

沢村　五郎　著

いのちのことば社

目次

現代の感覚では不適切と思われる表現については、
すでに召天している著者に変更の了解を得られない
ため、一部を除き原文のままの表記としています。

第一章　人間と宗教心

「人間が万物の霊長だと言われる理由は、これに宗教心があるからである」と、ある学者が言いました。なるほどそう言われてみれば、人間以外の動物には宗教心はありません。牛や馬が念仏を唱えたこともなければ、犬や猫が祈ったという話もありません。しかし、人間は宗教とは切り放すことはできないもので、世界のどこへ行ってみても宗教のない民族はありません。どんなに無知で未開の中で生きている人々にも宗教心があります。一年中雪に埋もれた生活をしているエスキモーの人々も、彼らの宗教をりっぱに持っております。

宗教心は人間が生まれつき持っているものであって、これがないと人間は不完全なものになってしまいます。もちろん、広い世の中には無神論を唱える者もあり、宗教心など全然持ち合わせていないかのように思われる人もないわけではありません。それもけっして生まれつき無宗教であったのではなく、その本能性を働かせなかったために、宗教心の作用が麻痺《まひ》したにすぎなかったのです。

アメリカのケンタッキー州に「マンモスの洞窟」というのがあって、そのほら穴の水中に住んでいる魚には目がないということです。その由来を調べてみると、はじめは目があった健全な魚がそこに迷い込み、真っ暗なので出口がわからず、ついにその中でおいおい繁殖しました。ところが長い間暗やみの中で生息するうちに、目を働かせることがなかったので、ついに目の機能を失って、ただ目の跡だけが残った盲目の魚になってしまったというわけです。

このように、無宗教だと言っている人も、目先の利欲や、名誉、地位に心が奪われ、あるいはまちがった考えに迷わされて、宗教心を正しく働かす機会がなかったからです。この盲目になった魚の仲間と同じで、自らの持っている機能を失って、心が盲目になっているのに気が付いていないのです。

ところが、こういう人でも、いざという場合には、苦しい時の神頼みで、つい「南無《なむ》」と言って手を合わすということになります。戦争中のことですが、ひとりの元気な青年がいて、平生はしきりに無神論を唱えていました。やがて召集令状がきて、戦場の第一線に行きました。ところが敵の撃った銃弾が、ズドンとばかり彼の太股《ふともも》を打ち抜きました。動転した彼は、バッタリ倒れる瞬間に「おお神よ、助けたまえ」と叫んだというのです。太平無事な時の無神論なんて、たいがい鉄砲玉一発でふっとんでしまう程度のものでしかありません。

無神論者として、だれもが知っているヴォルテール博士のことを思い起こします。ひとりの病《びょう》臥《が》中の紳士が熟練した看護婦を求めました。彼女は「ご病人は無神論者ではありませんか。もしそうならお断りします」と言います。その言い分を聞いてみると、「それはほかでもありません。私は以前に、無神、無霊魂、無地獄を唱えていたヴォルテールさんの看護をしたことがあります。臨終が近づいた時の苦悶《くもん》を今思い出しても身の毛のよだつ思いがします」と言って、彼が平生ないと言っていた神のさばきの座は、その目の前に現われ、地獄の火は彼の良心にくい入るかのように思われた。彼は虚空をつかんで、苦悶絶倒をしながら、最後にはもがき死にをしてしまった。それからというものは、けっして無神論者の看護はするものではないと心にきめたと、彼女は言いました。

臨終の床に死が迫り、今この世を去って、永遠のかの世に旅立とうとする時に、無神論は通用いたしません。この世とかの世とを通じて、私たちのたましいを導き守り、栄えの国に伴いたもう救い主なる神の助けを求める宗教心は、どんな人の心の中にも自然と起こってくるはずのものであります。

人間には、いつ災難が頭上に落ちかかってくるかわかりません。無病息災と思っている時がすでに災いの始まりです。「月に叢雲《むらくも》花に風」と言われているように、変わりやすいのがこの世のならいです。さまざまな不幸、災難が、寄せては返す岸べの波のように、次から次へと襲いかかってきます。

コックバーン卿は、きわめて幸福な前半生を送った人でした。その彼が自分の半生を回顧して、この幸福な境遇が、いつかは破られる時がくるのではないかと、それがいつも心配の種であったと言っております。

からだの健康を誇っている間に、たくさんの病原菌がすでに体内に宿っており、こちらに少しの弱味でもあると、たちどころに死病に取りつかれてしまうのが必定です。ついこの間結婚したばかりの楽しい新家庭が、もう今は立ちのぼる線香の煙も悲しく、悲嘆のどん底に沈んでいるといったことはけっして少なくはありません。

もしも地中を透視する眼鏡でもあって、地下何百メートルの地層を見ることができたとしたら、どんな光景が目に映るでしょうか。日本は地震地帯ですから、いまにも陥没せんとする何百メートルもの断層や断崖がつい足下に見えてきます。そこに恐ろしい危険が迫っていることを知って身震いしてしまうでしょう。

どうせ長くない露のようないのちを持った人間が、不安きわまりない危険なこの世の中に、頼るべき神を知らないで平気で世渡りをするとは、あまりにも無謀な話ではありませんか。とても正気のさたとは思われません。どうか一日も早く迷いの夢から覚まされて、頼りがいのある真の神さまにおすがりして、まさかの時にあわてぬ用心をして、心一途《いちず》に永遠のいのちに生きる道を見つけたいものであります。

第二章　宗教の選び方

宗教を老人の道楽仕事ぐらいに考え、無視した時代はもはや過ぎ去りました。宗教の必要はだれもが認め、道を求める人々が増し加わってきたことは、まことに喜ばしいことであります。ところが、世の中には宗教でさえあればなんでもよろしいのではないか。

　わけ登るふもとの道は異なれど
同じ高嶺《たかね》の月を見るかな

といった調子で、ただむやみに神信心を唱える人がおります。

しかし宗教は人間一生の最もたいせつなことなので、そう軽々しく取り扱うべきではありません。たとえば、お嫁に行くにしても、なんといっても自分の一生をひとりの男性にゆだねるのですから、猫の子をやり取りするように簡単に考えるわけにはいきません。血統はどうだ、それ人物はどうだ、親族の様子はどうかと十分に調べるものであります。それは当たり前かもしれません。人間一生の運命を定める一大事、念には念を押すのが当然のことでありましょう。

ところで、宗教とはいったいどういうものでしょうか。一生の運命どころか、未来永遠、いつまでも自分の全運命を託すべき神を探すのですから、軽率に考える訳にはいきません。十分に調べたうえで、これならば大丈夫と見当がついてから信仰することがたいせつなことです。

世間には宗教というものがたくさんあります。でも、なかにはずいぶんいかがわしいものがあります。

神といえばみなひとしくや思うらん
虫なるもあり鳥なるもあり

と平田篤胤《あつたね》の歌にあるように、ときには禽獣《きんじゅう》草木のようなものまでも神として拝んでいます。漁師などが神として拝んでいる金比羅《こんぴら》神社は、金比羅（インド語のクンピーラ）、すなわちワニを祭っているのです。どうしたことか、鼠《ねずみ》小僧のようなものまで神に祭りあげています。それぐらいはまだよいほうで、大木にしめ縄《なわ》を張って、神木として拝んでみたり、岩を祭りあげて大岩大明神というに至っては恐れ入った話です。

山には山の神、海にはわだつみの神があるといいます。これは動物礼拝、自然物礼拝であります。また天体礼拝といって、太陽や月、星などを拝む者もいます。

太陽といえば、地球の百三十万倍ぐらいもある火の玉で、燃えさかる原子炉のようなものであり、そこから強烈なエネルギーと熱とが放射されて、宇宙の大広間が照らされ、暖められているという、いわば神さまがお造りになった大仕掛けのストーブと照明燈のようなものです。この太陽の創造主である神さまを忘れてしまって、ストーブやちょうちんを拝むとは、きわめておかしな話であります。

また、人間礼拝が行なわれています。もっとも、徳の高い人を尊敬し、その遺訓に従い、その生涯にならうということはたいへんけっこうなことです。しかし、それを宗教上の信仰の対象としたり、礼拝するのはとんでもない見当違いです。いくら偉い人でも、やはり天地の主宰者である全能の神さまによって造られ、養われ、保たれていたものに違いはありません。ことに正体もわからぬようなものをむやみに拝んだり、はなはだしきに至っては、不徳な人物や性器までも拝むとは、実にもってのほかのことであります。

もともと「かみ」とは、その由来をただすと、「神」は「上《かみ》」に通じ、すべて一般の人間以上と思われるものを、みんな「かみ」としてあがめてきたようです。身分ある人の邸宅を「お上《かみ》」といってみたり、官庁を「お上」といったりする風習は、今でも残っています。動物であれ、植物であれ、山、川であれ、少しく人間以上の何かがあると思われるものは、これを「かみ」としてあがめ、人間も死ねば人間以上のもののように考えて、「かみ」としてきたもののようであります。

なるほどそうすれば、神さまの数の多いのはもっともな話です。人間以上の力を持っているように思われるものは多くあるでしょう。しかし、この宇宙の主権者であり、創造者である全能の神さまはただおひとかたのほかになく、地上のいかなる偉大なものも、この全能者の前には無限の隔たりがあるのです。

俗に「いわしの頭も信心から」と言われていますが、なんでも信じさえすればいいと考えるのはたいへんなまちがいです。たとえば電気の伝わっている鉄にさわるならば、ピリピリと電気を感じるが、ただの鉄を握ってみても何の手ごたえもありません。そのように、いくら一生懸命信心しても、人を救う力のあるおかたでなければ何の効果もないのです。真の宗教は一時の気休めでなく、人間の心の奥深く潜み込んだ願望に完全に答えるものでなければなりません。

人間は、創造の神である真の神さまが造られたものです。ですから、子供の心に親を慕う本能があるように、人の心にもたましいの親である神さまを慕う本能があります。それなのに、罪のために心の目はくらんで、霊の父上が見えなくなりました。本能というものは、抑えようとしても抑えることができないものです。女の子には生まれつき子供をかわいがる本能があります。が、まだ幼くてその機能を働かせることができないので、人形をいじって、その本能を満足させているといったわけです。そのように、人間には霊の父を慕う心はあっても、その霊の父がわかりません。そこでほんものでないものまでも信仰の目当てとして、その本能を満足させています。

多くの宗教は、子供の人形いじりと同じようなものです。それではどうして真の満足がありえましょう。親にはぐれた迷子は、一時だましのお菓子やアメ玉では承知できません。どうしても母のふところに抱かれるまではほんとうの満足がありません。人間も真の天の父上のふところに立ち返るまでは、ほんとうの満足はないのです。今、あなたが信じておられる宗教によって、心の底から満足がないとするなら、その宗教が何かまちがっているなによりの証拠ではないでしょうか。鳥がねぐらに帰り、船が港に急ぐように、人のたましいは、真の神さまである天の父のみふところに帰ってこそ、真の満足を得ることができるのです。

世の中には、一時はやったある宗教のように、キリスト教の教えの一部をそのまま借用して、もっともらしいことを教え、自分たちの神さまは、まるでキリスト教と同じだと言わんばかりの宗教もあります。でも根が借り物なので、形はあってもいのちと力がありません。人間を罪から救う力もなく、心をきよくすることもできません。酒、たばこや情欲程度の小さい悪癖に勝つほどの力すら与えてくれないのです。あなたの信仰心に、あなたの心と生涯と行為とをきよめる力がないとするならば、それはほんものでない証拠であることを悟らねばなりません。ですから、いっさいの迷いから離れ、真実にあなたを救うことのできる宗教を選び、これを信仰なさるのがなによりも肝要なことであります。

第三章　真の神

神も仏もあるものか、などと言う無宗教は、いかに愚かなまちがった考えであり、また十分な研究もせずに、むやみやたらに信仰する妄信、迷信というものが、どれだけ危険なものであるかを見てきました。

それならば、真の宗教というものは、いったいどんなものであるべきでしょうか。それについて、まず第一にたいせつなことは、はっきりした信仰の目当てがなくてはならないということです。

釈迦《しゃか》の教えは汎神論《はんしんろん》であって、いっさい万有は神であって、神と世界とは一体であるという宗教観にすぎません。仏というのは、実は「悟りを開いた者」という意味で、別に手を合わせて拝むべきものではなかったのです。しかしそれでは一般の人に満足を与えることができませんから、阿弥陀仏《あみだぶつ》という、人の想像から割り出したものをつくりだしました。そして、信仰の目当てとしてみたり、あるいは奈良の大仏のように、毘盧遮那仏《びるしゃなぶつ》、すなわち大日如来《だいにちにょらい》を具体化し、これを像にまでこしらえて礼拝するようになってきたのです。仏教もだいぶ変わって、わき道にはいったものと言わねばなりません。

要するに、人ははっきりした信仰の目当てがなければ満足できないのであります。そうかといって、信仰の目当てが幾つもあっては、これまたたまったものではありません。病気のときにはお薬師さん、婦人病なら淡島さん、金もうけには恵比須《えびす》さん、縁談には出雲《いずも》の神と、まるで専門医か紹介所のように考えているのは、迷信というものでありましょう。町や村に、県や国に、それぞれ代表する者がひとりしかいないように、この広い世界にも主宰者である神おひとりのほかにはいないはずであります。日本の太陽です、西洋の太陽ですと区別できるものではなく、ただ一つの太陽が全世界を照らしています。まして、太陽を造り、月を造り、万物を創造された神さまに、日本の神さまだの、西洋の神さまだのと区別のあるはずはありません。時や場所で区別するものではなく、全宇宙の神、全知全能の神こそ、私たちの信仰の目当てとすべきであります。なんといっても、人間は自分の全運命を託すべき唯一の信仰の目当てがほしいのです。

少し考えの深い人であるならば、宇宙の主宰者であり、万物の大本源である何かがなければならないぐらいのことは考えつくことでしょう。といっても、人間の想像から割り出していくのですから、わかったようでわからないといった有様です。天道と言ってみたり、天と言ったり、あるいは大源と言ったり、玄《げん》だ、いや玄の玄だと言ってみたりするのですが、それでもなんだかぼんやりとしてとらえどころがありません。信仰の目当てにしようとしても、どうも見当がつかない。親しみもなければ温かみも感じられない。何かの儀式でもしなければ信仰した気分が出てこないというような有様です。

さて、このように、人々が知ろうとしても知ることができないので、雲間の星影でも仰ぐように、ただその一部分だけをかすかに想像していた、この宇宙の主なる神さまを、人間の父上として、はっきりと手にとるように身をもって示し、そのご性質、みこころ、お働きに至るまで、明らかにご啓示なさったのが、神の子キリストであり、このキリストによって、はじめて真の神さまを知ることができるようになったのであります。

それでは、キリストによって示された真の神さまとはどんなおかたでしょうか。それは宇宙万物の創造者であり、主宰者であり、全知全能であって、どこにでもいらっしゃり、全く聖にして愛に満ち、永遠から永遠に存在したもうおかたであります。

人間のたましいというものは目には見えませんが、実はからだの中心であって、見えるからだを支配しているように、神さまは霊なるご存在で、見えないけれども、この宇宙万物の主であられ、万物を支配し、動かしておいでになるのです。私たちはからだをとおして人の心や人物を知るように、神の創造された万物、神の子キリストをとおして、神さまがどんなおかたであるかを知ることができるのであります。

聖書に「天は神の栄光を語り告げ　大空は御手のわざを告げ知らせる」(詩篇一九・一）とありますが、あの何千億とも数知れない星の群れや月は、いったいだれが造ったのでしょうか。

この宇宙とは実に広大なもので、その直径は十万光年ともいわれています。つまり一秒間約三十万キロを走る光でも十万年かからねば到着できないというわけです。それが一つの宇宙で、そのほかにも何千億あるかわからないほど、別の宇宙があるというのですから、ちょっと考えただけでも気が遠くなるほどです。しかもそれが一糸乱れず秩序整然と運行しているのです。

人間は、実に精巧な時計を発明しました。その時計は、地球が太陽の周囲を回転する正確な日数から割り出したものです。神さまが大仕掛けの時計をちゃんと先にこしらえておいでになったのです。ペナンのふ頭にはすばらしい大時計があって、その時を報ずる音が、さながら釣鐘《つりがね》の鳴るように、海のはるかかなたまで響き渡るので人々は驚きました。それならば、なんでこの大宇宙の神さまの大時計を見て驚かないのでしょうか。人はただ小さい知恵をふりまわして、これをまねたにすぎないのです。

ただ大きな天体だけではありません。きわめて小さなことにも、その知恵と力が及んでいます。天体望遠鏡に映じる大宇宙の広大さは実に驚くべきものですが、顕微鏡の中に現われる自然界の有様にも驚かされます。

ニューヨークにある植物園では、だれでも、あらゆるものを顕微鏡をとおして見ることができるようになっています。草の葉一枚、木の皮一片であっても、実にきれいに、精細に、秩序正しく組み立てられているのに驚かない人はないでしょう。うるさがられる蝿《はえ》の舌一枚でも、美術品ではないかと思われるほどりっぱにできています。しかも一つ一つが数理的に組み立てられているというのですから、なおさら驚かざるをえません。たとえば、蜂は必ず三つの数から成り立っています。からだも頭と胸としりと三つに分かれ、足は両がわにあって各三本ずつ、しかもその足が三つに折れており、その目は三千個の目玉の集団で、その一つ一つがことごとく六角形だということです。そのほか、木の葉の並びぐあいから、麦の穀粒の数、あるいはさまざまな動物の受胎の日数まで、みな数理にしたがって定められているのです。

さらに、一点上に五百万個を一列に並べうるほどのもっと微細な原子の世界をのぞいて見るならば、その一つ一つが、プロトンを中心として幾つかのエレクトロンが一秒間に一千兆回の速力をもって回転しているということです。

こんな事実を見せられても、なお神さまのお知恵と力とがわからないとすれば、それはほんとうのわからず屋だというほかないでしょう。

被造物の中で、人間は神さまの傑作であります。その構造は実に巧みに造られています。カメラを見て、その精巧さに感心しているけれども、なぜ人間の眼球を見て驚かないのでしょう。人間の眼球はカメラそっくりで、瞳孔《どう》からはいってくる光線は、角膜の作用によってその強弱の度が調節されます。そして内部が暗くないと物の影がよく写らないので、カメラの中が黒くしてあるように、網膜も真っ黒にできています。人間はカメラを発明して喜んでいますが、神さまは遠い昔に「生きカメラ」を人間の眼球の中にこしらえておいでになるのです。

また人間の耳のことを考えてみましょう。音波は外耳からはいって鼓膜に響く。その音響が砧《きぬた》骨《こつ》、槌骨《つちこつ》、鐙骨《あぶみこつ》の電線代用の軟骨によって内部に伝えられます。耳底にはコルティ氏器官と称する器官があります。これは立琴のような梯形《はしごがた》をした一つの楽器で、広いところで〇・五ミリ、狭いところでは〇・〇四ミリといいますから、顕微鏡ででも見なければわからないぐらい小さなものです。それには二万四千本の糸が張られており、それによって音が聞き分けられ、それが聴神経によって中枢神経に打電されて、記憶という録音板によって保存されます。これが知識の材料となるのです。

このような精巧な道具をこしらえて、各人に二つずつ与えたのはどなたでしょうか。実に神さまの知恵と力とには驚かされてしまいます。

ひとりの宣教師がパリの博覧会に行って、美術館にはいりました。陳列してある絵画や彫刻を見ると、どれもこれも目のさめるような巧妙な作品ばかりで、しばらく見とれてたたずんでいました。ところが隣にもひとりの老人が杖に身を託しながら一生懸命見とれています。よほど感心したものとみえてなかなか動きません。長く待つわけにもいかないので、「ごめんください」と頭をさげてその前を通りすぎると、番人がクスクスと笑いだしました。よく見たら、その老人は人形だったという話でした。

ほんとうの人間に見まちがえるほどのものを作るとは大したものです。しかし、ほんとうの人間に見える人形の出来栄えに感心するとすれば、なぜ生きた人間の出来栄えに感心しないのでしょうか。いくら巧みな芸術家も、形は作ることができても生命を造ることはできません。

しかるに、神さまは形どころか、働くことも、話すこともできて、さては永遠を思い、神さまと交わる霊の力をさえ備えた、実に不思議な人間をお造りになりました。

「神の、目に見えない性質、すなわち神の永遠の力と神性は、世界が創造されたときから被造物を通して知られ、はっきりと認められるので、彼らに弁解の余地はありません」（ローマ一・二〇）

と聖書にありますように、神さまがわからないというような言い訳はできないのです。

このように、万物をはじめ、人間をも創造された神さまであればこそ、また私たちを造り変えて、正しい真の人間になさることがおできになるのです。すなわち、信じがいのある真の神さまとは、このおかたにほかならないのであります。

第四章　天の父なる神

天地宇宙には、ただひとりの主宰者がおられ、万物はこのおかたによって造られ、また保たれているという道理はわかったのですが、さらにありがたいことには、このおかたが私たち人間のためにご慈愛深い父上であられるということです。もしこの世界が、ある人々の考えているように、車掌も運転士もいない汽車が、どこへともなくやみくもに走っているようなものだとしたら、なんと心細いことでしょうか。しかし、この宇宙の運転をつかさどるおかたが、私たちの天の父上でいますとはこれほど力強いことはありません。

一隻の船が航海中にしけに遭いました。船は怒濤《どとう》逆巻く波間に木の葉のように揺れ動き、船客は生きたここちもありません。ところが、その中にひとりの少女が何事もないようにおちついて、平気で嬉々《きき》として遊び戯れていました。不思議に思った船客が、「こんなに海が荒れているのに、こわくはないの」と聞くと、少女は平然として、「だって、わたしのお父さんがこの船の船長ですもの」と答えました。お父さんが舵《かじ》を取っていると思えば荒海であっても安心です。

このように、永遠の海路を走るこの「世界丸」も、父なる神さまが舵を取っていてくださると思えば、なんと心丈夫なことではありませんか。

天の父上は、わが子のように人間をかわいがっておいでになります。「子どもたちはわたしが育てて、大きくした」（イザヤ一・二）と聖書にあるとおりです。ちょうど母親が子供の生まれる前から、産着やおしめなどのいっさいを備えて、その出産を待ち受けるように、天の父上は、無限の大空に浮かぶこの地球を人間の住み家としてお備えになりました。もしも、ちょっとまちがって、お隣の月の世界にでも生まれようものなら、それこそたいへんで、昼が十五日、夜が十五日、昼はしゃく熱鉄をも溶かすほど暑いかと思えば、夜は万物氷結するほど寒いということで、とても生きてはおられません。

人間とは弱い者で、夏は太陽の光線の当たり具合が少しひどければ、さあ暑いと言って青息をつくし、冬になって少し弱くなれば、寒いと言って縮みあがります。そこで神さまは、ちょうどよい所に地球の位置をお定めになって、適当な温度を与え、変化がなくてはおもしろくなかろうと、地軸を少し斜めにして、春夏秋冬の区別をつけ、春は花、秋は紅葉と、四季おりおりのながめをさえ楽しむことができるように造っておいでになります。

そしてまた、空気もいるだろう、水もいるだろう、着物や食物も必要であろうからと、いっさい万事、手落ちなく設備を整えておいでになります。もしも酸素吸入でもするときのように、空気を一回吸ったらいくら、水一リットルが何円と金でも出すとしたら、とてもやりきれるものではありません。でも神さまは、しごく公平に万民に無代価で与えておいでになります。それには貴賤《きせん》貧富の別はありません。かえって田舎の貧しい人のほうが上等の空気を吸って生活しているというようなものです。

このように、ご慈愛の父がわかってくれば、さまざまの思い煩いは消えて、真の平安を与えられるのであります。

心配や気苦労の多くは不信仰のためにほかなりません。しかし、このようなことを言うと、

「いや、それはわからぬ。このせちがらい世の中に、物価はあがって困りきっているのに、ただでくれるのなんのと言っても承知できない。もし神さまが愛ならば、もっと暮らしよく取り計らってくれそうなものだ」と言うかもしれません。ちょっと待ってください。いったい物価を高くするのはだれのしわざでしょうか。

こんなおもしろい話があります。夏のある日、十四、五歳の子供が、笹の葉をわらでたばねて、町中を「笹《ささ》の葉ァ、笹の葉ァ」と言いながら売り歩いていました。そしたら、向こうから魚売りが魚籠をかついで「鯛《たい》よゥ、鯛、鯛」と言って通りかかり、その笹の葉を見て、

「これ、その笹の葉はいくらか」

「一把《わ》十円です」

「ああ、この笹の葉は向こうの山へ行って、ただで取ってきたのだ。そういうおまえさんのかついでいる鯛もただだろう」

「なに、損をするものか。どこかの山からただで取ってきたものだろう」

「いや、それでは損をする」

「そりゃ高い、五円にまけろ」


魚屋は腹を立てた。

「なに、この鯛はただなものか。問屋から仕入れてきたのだ」

「その問屋はどこから鯛を持ってきたのだ」

「そりゃ、知れたこと、漁師が持ってきたのよ」

「その漁師はどこから持ってきた」

「それは海から取ってきたにきまっているさ」

「その海へは金でも払ってきたのか。やはりただだろう」と言ったということです。


物の代価とは、人間が中間で取る手数料です。神さまは一円もお取りにならず、いっさい無代価で与えておられるのです。そこで人間の手数料の取り方が多くなれば物価も高くなるのが道理で、すべての経済界の混乱なども、多くの場合人間の不始末、不心得から生じるもので、自分で自分の首をしめているようなものです。

神さまが人間を養うためにお与えになった米を、こうじにして、栄養分をほとんど酵素という一種のバイ菌に食わせてしまい、その排泄《はいせつ》するアルコールという毒素に変化させます。それを飲んではからだを壊し、家庭の平和を破り、社会を乱しています。そのあげくには食糧欠乏だと騒ぎたてます。これはだれの責任でしょうか。みな人間の不心得です。天父のご恩をあだで返すとはこのことでありましょう。

善を行なって、自分も他人も幸福にすべきこの頭脳とからだの能力を乱用して、自分で苦しみ、人を傷つけ、この世を地獄のようにしています。

「わが愛する者は、よく肥えた山腹に　ぶどう畑を持っていた。彼はそこを掘り起こして、石を除き、そこに良いぶどうを植え、その中にやぐらを立て、その中にぶどうの踏み場まで掘り、ぶどうがなるのを心待ちにしていた。ところが、酸いぶどうができてしまった」（イザヤ五・一、二）

と、神さまが嘆かれておられるのが、聖書に記されています。

「しぶ柿やまる八年の恩知らず」といいますが、これは全く忘恩のしわざです。親切にご慈愛をもって顧み、なんとかして、神と人間との前に、有益で幸福な人生を送らせようと、みこころを尽くしてくださる天の父に対し、不義を行なってみこころを痛めるとはなんたる忘恩のしわざでしょうか。

人生百般の不幸患難は、直接間接に、みな忘恩の罪の結果で、自業自得と言わねばなりません。しかし、子を思う親の心はみな同じです。人間でさえ愛する子のために親は苦労します。まして愛の源であられる神さまが、子として育てられた人間をそのままに捨てておかれるはずはありません。あらゆる手段を講じて、なんとかして人々を迷いの夢から呼び覚まして、ご自身に立ち返らせるために、ときにはさまざまな患難をも善用し、人を救いに導く手段となさいます。

「憎みては打たぬものなり笹の雪」と詠んだ句があります。ポンと竹を打つのは、竹が雪の重みで折れぬためにすることです。聖書にも「主はその愛する者を訓練し、受け入れるすべての子に、むちを加えられるのだから」（ヘブル一二・六）とあります。無事平安ではなかなか目が覚めない人間に、神さまはときには病気、ときには災難の起こってくるのを許しています。それによって、人生のはかなさを悟らせ、人々を罪の夢路から揺り覚まして、不朽のいのちに立ち返らせてくださるのです。

もしあなたに、「なんでこんなに苦しみがあるのだろう」と思われることがあるとするならば、それは、なんとかあなたを呼び覚まそうとなさる、父なる神さまの愛のむちであることに気付かねばなりません。打たれる者の痛さより、打つ者の心の痛みを思い、一日も早く悔い改めて、天の父上のおひざもとに立ち返らねばなりません。

父なる神さまのこのようなご愛のゆえに、ついにはそのひとり子イエス・キリストを世にくだ

し、人を救う驚くべき救いの道をおたてになりました。これこそキリスト教の中心真理でありま
す。

これから、なお順を追ってお話を進めることにいたしましょう。

第五章　世界に義人なし

このように、ご慈愛深き天の父上が人間の世界をご支配なさっておられるというのに、なぜこの世の中に不幸や患難、悲痛が絶え間なくあるのでしょう。この世は涙の谷だ、苦の沙婆《しゃば》だと言います。事実どちらを見ても、うれしいことや喜ばしいことが少なく、涙の種となることのほうが多いようです。「天道は是か非か」と叫んだ屈原《くつげん》という人のように、愛なる神さまがご支配なさる世の中とは思われないような場合が多いようです。しかし、その理由はほかでもありません。神さまのお取り計らいにまちがいがあるわけではなく、人間に罪があるからです。

いくら健康なからだでも、病菌が宿れば気分がすぐれないとか、食欲が進まないとか、寝汗が出るとか、やせてくるとか、病気の徴候が現われてきます。この世は罪の病菌に食い滅ぼされつつある重病人ばかりです。神さまが苦しめられるのではありません。自分の罪のために悩まされつつあるのです。

「悪しき者には平安がない」（イザヤ四八・二二）

「罪の報酬は死です」（ローマ六・二三）

と聖書にあるのは、このことを言っているのです。

ところが、世間には自分の罪の病気を悟る人はきわめて少ないのです。なんだ、自分には罪はない、どろぼうをしたこともなければ、刑務所で青い服を着た覚えもない。それに罪人呼ばわりをするのが気にくわぬと言う人がいます。

しかし考えてください。コレラやペスト、赤痢、チフスというような病気は捨てておけません。伝染の危険があるので隔離する必要があります。そのように、窃盗、殺人、放火のような罪は、捨てておけば世間を騒がし、迷惑をかけるので刑務所に入れて監禁します。それでは病院以外には病人がいないのかと言えば、どうしてどうして、脳病、結核、ガン、心臓病、中風、ヒステリーなどとさまざま、念の入った病気もあって、瀕死《ひんし》の大病人も大勢おります。そのように、刑務所にはいっている罪人はほんの一部の人です。しかし、多くの人には、恨み、嫉妬《しっと》、怒り、高慢、貪欲《どんよく》、親不孝、放蕩《ほうとう》、好色、酔酒などと根深い罪がはびこっています。そのために個人も家庭も社会も乱れ、腐っているのが今日の現状でありましょう。

「義人はいない。一人もいない。……すべての者が離れて行き、だれもかれも無用の者となった。善を行う者はいない。だれ一人いない。……すべての人は罪を犯して、神の栄光を受けることができず」（ローマ三・一〇―一二、二三）

と聖書にありますように、人間はみんな神さまの前には罪人です。ただ困ったことには、自分の罪を知らないで、日々に多くの人々が滅んでいくことです。つまり世の中が罪に満ちているために、罪の罪たることさえ見定めがつかないでいるのです。

アテネにディオゲネスという学者がいました。真昼にちょうちんをつけて歩くので、弟子たちが不審に思い、「先生、もう夜が明けています」と注意したら、「夜が明けても世の中は暗い、あかりがいる」と言ったということです。

どちらを見ても罪の世の中、少しぐらいの罪は罪と認められないのです。

昔、紀州の山里にひとりの若者がいました。親子げんかの末、斧《おの》をふりあげ、一撃のもとに、父親を打ち殺してしまいました。お役人が行ってとがめると、平気な顔で「おれのおやじを、おれが殺したのにどこが悪い。いらん他人のおせっかいなんかしないでくれ」と言って取り合いません。あまりのことにお役人もあきれはて、ことの次第を紀州公に言上すると、嘆息しながら、「わが藩にかくまで無知暗愚な者がいるとは、つまり政治が行き届かないためだ。よろしい、仕置きをする前にまず寺小屋へつれてこい」との仰せ。それから三年の間、孝経《こうきょう》を教え込みました。すると、暗愚な若者の心にも道徳の光が差し込んで、罪の罪たることがわかり、自分から進んで罪の仕置きを受けたといいます。

これはかなり極端な話ですが、世間には光が足りないために罪を悟らない人が多いのです。暗い部屋の中ではどれだけたくさんのちりがあっても見えません。しかしすきまから差し込む朝日の光に照らされると、千万無数のちりが飛び舞っている様子がいっぺんにわかります。光が強いと小さいちりも見えてくるわけです。

だから、昔から聖者と呼ばれた人は、みな深刻に罪を悟って、自分の醜い心に気が付きました。自分では熱心な宗教家をもって任じていたパウロも、ダマスコへの途上、復活のキリストの栄光に接して、馬より転び落ちて、悔い改め、「私はその罪人のかしらです」と言うに至りました（使徒九・一―九、Ⅰテモテ一・一五）。宗教改革の歴史的人物であるルターもまじめな修道僧でした。アウグスティヌスもバンヤンも、罪について深く苦悶した人たちでありました。

浅薄で低俗な人間ほど、罪についての感覚が浅く、高潔な人物ほど罪の自覚は深刻であります。ですから、「人はうわべを見るが、主は心を見る」（Ⅰサムエル一六・七）とありますように、人間は人間の心を見抜くことができないから、外がわに現われた行為だけの罪しか認めることができないのです。しかし、神さまは人の心の奥底までも見破りたもうおかたなので、行為に現われる前に、心にある罪をも見とおしなさいます。

「昔の人々に対して、『殺してはならない。人を殺す者はさばきを受けなければならない』と言われていたのを、あなたがたは聞いています。しかし、わたしはあなたがたに言います。兄弟に対して怒る者は、だれでもさばきを受けなければなりません」（マタイ五・二一、二二）

「情欲を抱いて女を見る者はだれでも、心の中ですでに姦淫《かんいん》を犯したのです」（マタイ五・二八）とキリストが言われたのは、行為に現われる前の心にある罪念を指摘して戒めているのです。

人を殺すのでも、心にもなく誤って殺すなら、それは誤殺であって、厳密な意味においては罪とはなりません。しかし多くの場合、恨み、嫉妬、怒りの思いが心の中に燃えあがり、抑えようにも抑えきれず、ついには行為となって現わしてしまいます。つまり、人を殺す前に殺人の種はすでに自分の心の中にあるのです。ほしいという欲はどろぼうの種、汚れた淫欲は姦淫の種。このように、心の中までも見抜かれてくるときに、だれひとり罪がないと言いうる者はありません。

しかし、それどころではありません。良いと思ってやることさえも、神のみ前にはなお汚れたボロぎれのようなもので、慈善事業をやるかたわらに、人にほめられてみたかったり、神信心するときにさえ、お賽《さい》銭の百円も投げ込んで、家内安全、商売繁盛、無病息災と、まるで麦めしで鯉《こい》でも釣るような商売っ気を出しています。最も神聖な宗教心まで、このような我利我欲の罪の思いに腐れ果てた人間は、底の底まで罪の塊というほかありません。

「善を行う者はいない。だれ一人いない」（ローマ三・一二）

と聖書にあるのはそのことであります。こんな罪の性質を修養や克己、教育や法律で抑えてみても、臭いものはいくらふたをしても、やはり臭いものであるように、いつかはその汚れは現われてきます。

インドに遣わされたひとりのイギリスの官吏が一匹の虎の子をつかまえてきて、かわいがっていました。小さい時から家の中で育てたので、さながら犬か猫のように素直に成長して、からだは虎でも性質はペット同様、なれなれしく主人に戯れていました。夏の午後のこと、安楽いすでうたた寝をしていると、この虎の子がそばにきて、じゃれつき、手をなめたりしていたが、なにしろ、おろし金のような舌でなめるものだから、手の傷口の皮がはがれて、一滴の血が虎の舌に触れました。人間の生血の味をはじめて知った虎は、たちまち猛獣の本性を現わし、らんらんと目を光らし、歯をむき出し、いまにも食ってかかろうとするうなり声をたてました。びっくりして目を覚まし、護身用のピストルで事なきをえたということです。

どんなにおとなしそうな様子をしていても、猛獣は猛獣です。血を好む性質はいつかは現われてくるものです。

このように、人間の罪の心も、修養や鍛練でもって抑えておいても、中にあるものは、いつかすきがあれば必ず現われてくるものであります。それで思いがけない時に失敗をします。

「心こそ心まどわす心なれ、心に心、心ゆるすな」とあります。人の心ほど当てにならないものはありません。ですから聖書にも、

「人の心は何よりもねじ曲がっている。それは癒やしがたい。だれが、それを知り尽くすことができるだろうか。わたし、主が心を探り、心の奥を試し、それぞれその生き方により、行

いの実にしたがって報いる」（エレミヤ一七・九、一〇）

とあります。すべてを知りたもう神のみ前に、自分の心のいっさいを打ち開き、災いのもとである罪から離れるように努力するのが何より肝要であります。

第六章　罪は災いのもと

「まことに、不幸はちりから出て来ることはなく、労苦は土から生え出ることはない。まことに、人は労苦のために生まれる。火花が上に向かって飛ぶように」（ヨブ五・六、七）と聖書にあります。火のない所には煙は立ちません。災いには必ず原因があります。罪こそがいっさいの災いの原因となるものです。「積善の家には必ず余慶あり、積不善の家には必ず余殃《よおう》あり」で、不義をなせば災いがくるのは、古今東西を問わず、すべての人の感じているところであります。

もともと、罪は恐るべき破壊力があり、寄るとさわると、すぐさま人を傷つけ、悩まし、滅ぼす性質を持っています。罪によってまず自分を傷つけます。そして人を傷つけ、さらに神のみこころを傷つけます。

一　罪は自分を傷つける

(一)　自分のからだを傷つける

日本では、毎年何十万人という人が死んで行きます。そのうち天寿を全うする者はごく少なく、大部分は病死か事故死です。病気の大きな原因は、不節制とか不品行の結果によるものです。ことに心の不安や悩みがどんなにからだを痛めるかはご承知のとおりです。言い換えれば、人間は神を離れた心の不安や罪の悩みのために、自分のいのちを縮めているのです。

むやみな自殺は、人を殺すのと同様、神の前に恐るべき罪ですが、自殺にも瞬間的自殺と漸次的自殺があることを忘れてはなりません。不節制や酒や色欲におぼれて、からだを痛めたり、不信仰ゆえにいらぬ心配をして、自分のいのちを縮めたりするのは、一種の漸次的自殺ということもできるでしょう。

(二)　罪は境遇にたたる

「十五より酒飲み始めこよいの月」と古歌にあります。若い時から飲み覚えた酒がもとで、放蕩に陥り、ついに帰る家もないほどに落ちぶれ、ひとり悄然《しょうぜん》と中天の月をながめて悲しむ身のあわれさがにじみでています。

罪の世渡りは、はじめは良いように見えても、災いは影のようにつきまとってきます。

「主の前に罪ある者となって、主の御声に聞き従わず、主の律法と掟と証しに歩まなかったために、今日のように、あなたがたにこのわざわいが起こったのだ」（エレミヤ四四・二三）

と聖書にあるように、自ら蒔《ま》いた種は必ず自ら刈り取らなければならないのです。

㈢　罪は心にたたる

「悪しき者には平安がない」（イザヤ四八・二二）

とあるように、罪は人の心から安心を奪い去ります。「きよい良心は最も良いまくらである」と諺《ことわざ》にもあるように、心にやましいところがなければ、何の煩悶《はんもん》もなく安らかに眠ることができます。

しかし、罪があるならばけっして平安がありません。「世の中の人は知らねど罪あれば、わが身を責むるわが心かな」といったわけで、寝返りばかりして、夜の間も苦しむことになるわけです。

かつて大阪で金庫破り専門の窃盗犯が出て、騒然としたことがあります。ある日神戸の芦屋川の付近をひとりの男が歩いていました。うしろから巡査が何気なく歩いていたら、ふと石につまずいて、前のめりに足が早まりました。すると前を歩いていたこの男が急に走り出しました。怪しいとにらんだ巡査は、すぐにあとを追っかけて尋問すると、これこそが金庫破りの張本人であったということです。「悪い者は追う人もないのに逃げる」とはこのことでありましょう。

重罪人が罪を犯してから捕えられるまでには、必ず数キロも体重が減っているそうです。罪がどんなに人の心を苦しめるものであるかがこれでもわかります。

人には不義理をなし、偽りを言い、心に恨みを持ち、嫉妬心に燃えていては、けっして安心があるはずはありません。

「笑うときにも心は痛み、その終わりには、喜びが悲しみとなる」(箴言《しんげん》一四・一三)とあります。一時の快楽や気慰みでごまかしてみても、人は神に罪が赦されて心きよくなるまでは、まことの安心が得られるものではありません。

㈣　罪は人の一生を滅ぼす

罪というものは、それを犯すたびに、一つの習慣性となって、人間の道徳性を破壊するものであります。人の意志の力は弱くなり、良心は麻痺してしまい、最後には人間そのものが台なしになってしまいます。

私の幼い時の知人に大酒飲みがいました。年はまだ三十歳ぐらいの働き盛りで、妻もあれば三人の子供もいました。彼の友人である医者は、このままでは長くもたないとみて、禁酒を勧めました。しかし彼にはもはややめるだけの気力はありません。「それだけは言ってくれるな」と言って飲み続けていました。やがてアルコール中毒になって人事不省に陥りました。さあ家の中は大混乱。一家の柱とも頼む主人が倒れた。医者だ薬だと騒いでいる間に、少し正気づき、目を開いて手を差し伸べながら何かを求めています。妻は喜んで「気が付きましたか。薬をあげましょうか。何か食べものですか」と尋ねたら、「酒、酒」とやっぱり酒を求めていたとのことです。

この男は、あとでとうとう脊髄《せきずい》病にかかり、杖にすがりながら、四キロも離れた鉄道線路のところまで歩いて行き、身投げして死んでしまいました。いまに自分のいのちを殺してしまう大敵の酒と知りながら、なおやめることができないとはあわれむべきことではありませんか。

放蕩三昧《ざんまい》に身を持ちくずして、死を決した医学生が、「かくすればかくなるものと知りながら、やむにやまれぬ腐れ魂」と辞世の歌を残して自殺してしまったということです。

一度ぐらいはだれでもやるからと、うっかり罪に近づいたが最後、ついには蝿取り紙に足を取られた蝿のように、もがけばもがくほど、いよいよ深く罪に捕われて、身動きもできなくなるのです。憎みてもあまりあるのは罪です。罪に戯れることほど危険なことはありません。

二　罪は人を傷つける

罪はまず自分を傷つける怪物ですが、また他人にもそのたたりを及ぼします。一つの石を池に投げれば、波の動きが全面に及ぶように、一つの罪は必ず四方の人々に影響を及ぼします。罪には伝染性があります。「姑《しゅうとめ》、嫁ふる、嫁は下女ふる、下女はつるべの綱をふる」と言われますが、罪のないつるべにまで影響していきます。姑の心に起こった波紋は井戸端にまで及んで、一家の平和も団らんも破られてしまいます。罪の小石の一つが家庭の中に投げ込まれるならば、一家の平和も団らんも破られてしまいます。

一家の主人が短気であるために、あるいは不身持ちであるために、苦しめられ、悩まされている家庭がどんなに多いことでしょう。息子の放蕩ゆえに、日々身を切られる思いをして、いのちを縮めている親もけっして少なくありません。

要するに、罪は人を傷つけずにはおかないのです。心の中に潜む罪も、いつかは外に現われて、周囲の人々に害毒を及ぼします。怒りも恨みも、嫉妬も高慢も貪《むさぼ》りも、ことばや行為に、あるいは顔つきや態度に現われて、人の心に痛手を与えます。怒りに満ちた一言が刃物のように人を傷つけ、恨みに燃える目の一べつは、人の心に毒矢を射込み、たくらみをいだいて黙っている態度は、言いがたい不快な気分を人に与えるものです。

それだばかりでなく、罪が社会や国家に、あるいは子孫に及ぼす結果を見るときに、身震いをする思いです。

今から二百数十年も前、アメリカにマックス・ジュークという酒飲みの道楽者がいました。彼は自分に似たような道楽女をめとりました。子が生まれ、孫ができて、八代余りも続きました。その血を受けた者二千二十七人について調べてみたところ、三百十人は乞食《こじき》、百三十人は前科者、七人は殺人犯、六十人はどろぼうの常習犯、三百人は若死に、四百人は知的障害または身体障害者、四百四十人は梅毒患者、三百十人は行き倒れ、五十人は不義の夫婦で、残った二十人は正業についたけれども、そのうち十人は入獄中に覚えた手職によって生活をしていたとのこと。この一族のためにニューヨーク州が使った費用は、当時で二百五十万ドル以上であったそうです。

これによっても、ひとりの人の罪がどれだけ多くの人に災いを及ぼすものであるかおわかりでしょう。

三　罪は神のみこころを痛める

罪は、このように自他ともに傷つけるものです。しかし、それにもまさって恐ろしいことは、ご慈愛深い神さまのみこころを痛めることであります。

　世に忘恩の罪ほど恐ろしいものはありません。子として親に対する不孝が最大の罪であり、人間としては神に対する不信仰の罪ほど恐ろしいものはありません。そして、いっさいの罪はことごとく神のみこころを痛めることになります。子供のけんかに最も心を痛めるのは親であるように、人々が自分を傷つけ、また互いに傷つけ合っているのを見たもう天の父のみこころは、張り裂けるばかりであると思われます。

　あるところにひとりの教師がいました。よほど貧乏が身にこたえたものとみえて、ふたりの息子には「金もうけをしろ、金が第一だ」と教え込みました。ふたりともやがて小学教師になったが、幼い時から教え込まれた拝金思想がいつも心を占領しています。なんでも金、金と、金もうけの早道とでも考えたのか、手くせの悪いことをするようになり、ついに免職になってしまいました。

　親の願いは全く当てがはずれ、くやしいやら、しゃくにさわるやらで、息子の顔さえ見ればどなりちらすというようなことでした。ところが息子のほうでも愛想をつかし、一通の書き置きをして家出をしました。どなってはみたものの、さあ気がかりでしようがない。どこかで自殺でもしたのではあるまいかと、夜も眠れず、あちらの鉄道、こちらの海岸と捜し回った。どこそこに死体があがったという新聞記事を見ては、さてはわが子かと駆けつけて行きます。一週間ばかりは眠ることも食べることもできない有様です。

思いあまって、先輩の大学教授をしている人のところに相談に行きました。その教授は熱心なクリスチャンでした。

「きみは今まで、神を信じないで拝金思想で子供を育ててきた。その結果を今刈り取っているのだ。きみは子供が一週間もいないと、それほど心を痛めるではないか。とするなら、きみの造り主、たましいの養い親である天の父なる神さまのご恩を五十年近くも忘れてきたことはなんにも知るまい。自分のことばかり考え、神さまのみこころを痛めてきたではないか。きみの心配もそうだが、神さまのみこころの痛みはどれほどであろうか。きみ、子供のことではないよ。まずきみが悔い改めて、神さまに立ち返るべきではないか」と言われました。

「わかりました。わたしが悪うございました」と悔い改めて、信仰にはいり、やがてその家庭も全く変わったということです。

いっさいの災いは、神さまを離れた不信仰の罪から源を発しています。まず悔い改めて神さまに立ち返るならば、その心は入れ変えられ、人を益し、自分も幸いな神の子としての生涯にはいることができるのです。

第七章　未来の審判

罪に災いはつきものであると言いました。ところが世の中には一つわからないことがあります。それは悪人必ずしも災いに遭わず、善人がかえって不幸な境遇にいるというような場合があることです。それでは、正しい審判というものは行なわれないのでしょうか。いいえ、いいえ、神さまはこの世において罰せられない罪は、来世において必ずさばきたもうことでしょう。

今二、三のことを挙げて説き明かすことにいたします。

(1)　人の本心は来世の審判を予期しています。たとえば一冊の小説を読んだ場合、善人がひどく苦しめられ、悪人がかえって調子よくいっているところで終わるならば、「これは未完結だ、まだ後篇があるにちがいない」と思うのは自然の人情であります。

このように、この世においても、善悪の審判が不公平である様子を見るとき、私どもは墓場のかなたに、なお人生の後篇があることに気付かねばなりません。この世の法律でも、ある程度までは公平な審判も行なわれますが、ある事にはきわめて不公平であったり、手落ちがあることを免れません。

かつて神奈川県の鈴ケ森で、お春という女性が殺されました。取り調べの結果、情夫であった小森を犯人として処刑しました。その後になって、実は石井藤吉という男が真犯人であると自白したようなこともあります。こんなまちがった審判は、世界にもけっして珍しいことではありません。

ひとりの行商人が、四国から大阪に出てきました。妻子があるのに、それを隠してある女性と仲良くなり、不義の縁を結びました。しかし、それは旅の空の一時の出来心。家に残してきた妻子が恋しくなり、なんとかして女性と縁を切ろうとしました。女のほうは一途になっていますから、なかなか離れようとはしません。そこで男は彼女を亡き者にしようと悪巧みを起こして、心中をしようと言いだしました。彼女も納得して、いっしょに死に場所を捜しましたが、なんといってても彼女をうまくだまして殺そうというのですから、なかなか方法がむずかしい。ついに劇薬心中を心にきめて、工業用の硫酸一びんを用意して、郊外の川べりの葦《あし》の茂みにはいりました。

そこで、覚悟はよいかと言って、飲むまねをし、それから彼女の口にびんをつけて、ぐっとつぎたてました。さあ、指先につけただけでもただれてしまう劇薬を飲み込んだからたまりません。口も内臓も火に焼かれるような苦しみが始まりました。もがき苦しむ姿を見て、おじ気づいた男は逃げ出しました。だまされたと知った彼女はくやしくてたまらない。苦しみもがき、のたうちまわりながら、男を追っかけて道のそばまできて倒れてしまいました。

まもなく、通りすがりの人が見つけ、警察もきた。彼女は血を吐くような苦しみの中から、きれぎれの声で一部始終を語り、恨めしそうな目をして、そのまま息絶えてしまいました。やがて解剖して見たら、胃腸は劇薬のために、水につけた海苔《のり》のようにドロドロになっていたそうです。

もちろん男は捕えられ、取り調べの結果、自殺幇助罪《ほうじょざい》として七年の刑に処せられたということです。しかし、女の一生を踏みにじり、慰みものにしたばかりか、このようになぶり殺しにした男に対して、はたしてこれが公平な罪の報いと言えるでしょうか。

聞くところによれば、関東大震災の時、吉原《よしわら》の遊郭の亭主《ていしゅ》は、女郎たちに逃げられたら大損をするというので、土蔵の中に押し込めて鍵《かぎ》をかけてしまった。やがて火災となって吉原一面は火の海となりました。

とても助からないと思った亭主は、やっとこさ鍵を開ける気になって出してやったが、時はすでに遅く、どこにも逃れる道がなく、逃げまどいながら、焦熱地獄のただ中で、みんな手を取り合って、近くの池にはいった。そこにも火は押し迫って、水は熱湯となって、ついに数百人の女たちは焼き殺されてしまいました。

自分の私腹を肥やさんがために、女のからだを切り売りすることさえ許すことのできない罪であるのに、ましてや自分の貪欲のえじきにして、無残な殺し方をするとは、人間としてなすべきことではありません。それなのに、遊郭の亭主は生き延びて、なおまた同じことを続けたとは、この世の中はけっして善悪の審判が公平だとは言い得ないことです。神さまは必ず来世において正しい審判をなしたもうに相違ありません。そうでなければ、人間の良心は承知しません。

(2)　この世界は神がすべ治めたもうところであります。どうでしょう、もしもこの世に秩序をただす法がなかったなら、どんなことになるでしょう。たいへんな不安がやってきます。おそらく外を歩くことさえできなくなるでしょう。しかし法律には制裁がなければ、ただの忠告程度のことになります。つまり法を犯すなら、罰が必ずあるという、力による拘束があるということです。

もし物盗りの現場を巡査が見つけて、「無断で人の物をとってはいけないよ。よくないことだ、人道に逆らう行為だ、きみに忠告しておく」と言ったところで、うまく治まっていくものでしょうか。やはり司法権をもって、犯人を捕え、罪を定め、刑務所に送って制裁を加えるほかないでしょう。人間のいのちの尊厳と、人間生存の権利を保とうとするなら、当然刑務所も必要になってくると言わざるを得ません。

このように、神さまの世界でも一つの法律があります。罪とは神の法律を破ることです、と言ってもわからないでしょうが、人間には良心が与えられていて、正邪善悪を判別することができます。だれもこの良心の声に逆らうことはできないのです。この世の法律も道徳も、実はこの神さまの与えられた良心の働きから割り出されたものにほかなりません。この良心があればこそ、この世は地獄にならないでいるのです。人間はこれに従ってこそ秩序が保てるわけです。

このように、良心を与えて、善悪の区別を知らしめられる神は、また良心の声に逆らい、罪を犯した者に対しては、それ相当の制裁を加えて罰せられるのが当然であります。法治国家の秩序を保つために刑務所があるように、神さまの道徳的世界の政治にも、宇宙の刑務所である地獄の必要があるのです。

「人間には、一度死ぬことと死後にさばきを受けることが定まっている」（ヘブル九・二七）と聖書にあるとおりです。

(3) 罪の性質上、その審判はなくてはならないものです。罪とは人の生涯と社会とを腐らせ、世界を災いする害毒であります。伝染病のバイ菌駆除が社会の公益上必要であるように、罪の駆除は人類幸福の最大要件であります。

もし、ここにひとりの子供がコレラで倒れたとします。子供はかわいいにちがいありません。しかし病毒は捨てておけません。そこで親は八方手を尽くして、この病気を子供から離そうとするが、ついに離すことができないで死んだときはいたしかたがない。バイ菌といっしょに火葬場で焼くほか道がないのです。

　このように、神さまも人間を愛して、なんとか罪より離そうとなさいますが、人が自分から好んで罪に執着し、ついにこれを捨てないで滅びる場合、神さまは地獄の火葬場で、その人を罪とともに罰したもうのは、これまた至極当然のことと言わねばなりません。

(4)　ある人は言うでしょう、いや神さまは愛ではないか、このように残酷に罪を罰したもうはずはないと。そうです、神は恵み深く愛なるおかたです。神こそいっさいの良きものの本源であられます。しかしながら、罪とは、この神から私たち人間を切り放すものです。父母の恩愛が厚ければ厚いほど、それだけ父母を失うことは痛手であり悲しみであります。神が愛にていませばいますほど、神から離れ、神を失うことは恐ろしいことであります。
　もし、この地球から太陽を取り去ったら、万物はたちまち死んでしまい、ただ暗中にさまよう一つの氷塊となり果てることでありましょう。ああ神なき世界！　そこは永遠の暗黒、幸福の一しずくさえ見いだせない死とののろいの淵《ふち》であります。そここそ地獄です。並たいていのことでないかぎり、なんで神のみ子が十字架にかかってまで罪から救いたもう必要がありましょう。罪とはまことに恐るべきもので、神のひとり子の十字架の血によらねば救われないほど、人間にとって重大なことであります。

かつて丹波の峰山に大地震がありました。私は友人の死を弔うために行ったときに聞いた話です。ひとりの子供は家の棟木《むなぎ》が足にのしかかって逃げることができない。親はなんとか助けようとあせるが力及ばない。火はだんだん回ってきて一刻の猶予もならない。いよいよだめだと思った親は、手斧《おの》をふりあげながら、「おい、せがれ、許してくれ。おれはおまえのいのちを助けたいから、おまえの足を切るぞ。痛いだろうががまんしてくれ」と言った。そしてまるでまきでも断ち切るように、あまり切れそうもない斧で足首を打ち切り、やっとのことで助け出したということでした。

「もし、あなたの足があなたをつまずかせるなら、それを切り捨てなさい。両足がそろっていてゲヘナに投げ込まれるより、片足でいのちに入るほうがよいのです」（マルコ九・四五）と、主イエスは仰せられました。なんとか罪の刑罰から逃れしめようとなさる親ごころであることを知らねばなりません。

ご自分が十字架上に苦しみつつも、「父よ、彼らをお赦しください。彼らは、自分が何をしているのかが分かっていないのです」と祈られました。これはキリストを十字架につけた人々の上にきたらんとする罪の刑罰を思って、その行く末を気遣いたもうたからのことです。永遠の刑罰、死後の審判、これは私たちが心を静めて深く考えなければならないことであります。

第八章　救いの道

さて、罪の刑罰の恐ろしいことは、すでに申し述べたとおりで、なんとかこれから離れなければならないと思うのは、少し心ある人ならだれでも考えられることでしょう。

ところで、困ったことには、この罪というものは、なかなか奥深く人間の本性に食い込んだ骨の腐れで、たやすくは抜けないものです。「義を聞いて移ることあたわず、不善改むることあたわず、これわが憂いなり」と聖人孔子も嘆きました。王陽明は「山中の賊は平らげやすし、心中の賊は平らげがたし」と言いました。人間は決心や修養ぐらいでりっぱになるようなものではありません。

ある町の高校の校長が、キリスト教の信仰を求めて、熱心に教会に来るようになりました。そのわけを聞いてみると次のようでした。

その学校の生徒の中で、タバコを吸う者がだんだんふえてきました。そこで千二百名もの全校生徒を集めて訓戒を与えました。しかし校長自身もたいへんなタバコ好きで、三十年間も吸い続けてきて、生徒にだけやめろとも言えず、自分もそくざに決心して、以後は禁煙すると生徒に誓いました。

校長が身をもって模範を示した訓戒であったので、大いに効果があり、それからは表向きだけでも喫煙者はなくなったそうです。ところが禁煙を誓った校長先生、なんといっても三十年もの習慣であるからたまらない。五、六日はがまんできたものの、十日も経つともうやりきれない。そうかといって全校の生徒の前で誓った体面上、首がとんでも吸うわけにはいかない。そこで人の目につかない便所の中にはいり込んで、そこを喫煙室として六年もの長い間吸っていたというのです。

それが、どうも校長は便所でタバコを吸っているらしいとうわさされるようになってきました。人を指導する教育家の身でありながら、こんなことでどうする？　こんな者が倫理道徳の道を説いたところで、人の心が改まるはずはない。修養も道徳も克己してもだめだ、人間以上の神の力に頼るほかないと、つくづく自分の非力を悟りました。

人間は、これはいけないと知っても、それをやめる力がありません。人は自らを救うことはできないのです。

そこで、真剣な人は、罪から逃れたいために、極端な難行苦行を始めました。中世には、肉体を苦しめることによって、人間の罪性から打ち勝つことができると考えました。それでずいぶんとひどい苦行をやったようです。

シメオンという人は、荒縄でからだを巻き、そのまま寝起きしたので、縄はからだに食い入り、傷口は腐って、臭気が全身から出て、身動きするたびにうじ虫が落ちる。そばにいる人に、どうかそのうじ虫を拾って、再び傷口にあてがってくれと言いました。そして彼は小さな木の切り株の上に座って、雨風にさらされながら三十年もの間苦行を続けたと言われています。

また、インドの行者は、はきものの裏に鋭い釘《くぎ》を逆さにゾックリ打ち込み、足裏に突き刺しながら五百キロも熱砂の中を歩き、聖河ゴッタベリーに身をきよめに行くというのです。聞いただけでもぞっとするようなひどいことをするものです。

人間が一度良心に目覚めると、どんなに罪から救われたいと願っているかがわかります。もちろん世の中には、罪などときわめてふまじめに考えて、勝手な理屈や何かのお題目をとなえて、自分の罪を許し、良心をごまかして、いいかげんな世渡りをしようとする、意気地のない人間もいます。それは論外としても、人々はこのように罪に対して真剣な願望があることは事実です。

しかしながら、人間はいくらもがいても、救いは自分の中に得られるものではありません。難破しつつある船に乗っていながら、その船の中でいくら狂い回っても救われるものではありません。救いはほかからこなければならないのです。そのように、救いは人間世界の中にはありません。救いはただ上からこなければなりません。

インドには毒蛇がいて、それにかまれたら最後、必ず死ぬそうです。でもその地方に限って生ずる薬草があって、それをもんで傷口につけると、たちどころにいやされるということです。

木の皮を切れば、直ちにやにが出て、その傷口をおおい、貝は生身に傷がつくと、真珠質のものができて、きれいにその傷を包んでしまう。傷口ができると、これをいやす道も自然にできています。これは情け深い神さまの自然界におけるご配剤と言わねばなりません。ましてや人間の堪えがたい罪の痛手をいやす道をたてられないはずはありません。

関東大震災の時、何十万の罹《り》災者に対して、国内からは言うに及ばず、世界各国から同情の慰問の品が山ほど集まりました。それまで何やかやと仲たがいしていたアメリカからも莫大な援助がありました。平生は戦争のためにある軍艦が罹災救護のために活動しました。それを見て、ああ全世界の軍艦がこのように互いに助け合うために動くようになればよいのにと考えたことがありました。

いざ災害となれば、敵も味方もあったものではありません。同情と助けはそこに集まってきます。ましてや、この罪のために大傷を受けた人間、いまにも地獄の滅びに行こうとする人類を、なんで慈悲深い神さまが見過ごしになさることがありましょう。ここに驚くべき大いなる救いが天から人間世界のただ中に現われたのであります。

もともと、人間はいくら高いはしごをこしらえても、人工衛星で月に行ったとしても、天の極みにまで昇ることはできません。つまり、人間は自分の力で聖なる神に近づくことはできないのです。神さまのほうから近づいてくださるのでなければ救われる道はありません。

私は炭坑の中にはいってみたことがあります。エレベーターに乗ると、からだが浮くようなへんな気持ちがして、だんだんと暗やみの中に沈んで行き、数分ののちにコトリと止まる。すでに坑底に達したのです。中にはいれば全く別世界で、裸の坑夫が真っ黒になって働いています。ここは地下何千メートルの坑底で、上を仰げばはるかに針の穴のような坑口が見えています。

私はそこで思いました。もしこの坑《あな》を自分の力で登らねばならないとすれば、それはまさに絶望で、何百年かかってもとうてい自分ではよじ登ることはできません。ただエレベーターが上から降りてくることによって、数分のうちに光の世界に引き上げてくれるのです。

このように、人間も神さまから離れて、暗黒と罪と滅びの穴に落ち込んでしまったら、もがいても狂い回っても救われる道はありません。それは絶望です。しかるに、あわれみに富みたもう神さまは、これを見殺しになさることはできません。ここに一つの救いのエレベーターを降ろしたまいました。神さまの真の救いとして現われてくださったのが、神のひとり子イエス・キリストであります。見えざる神が見ゆる人の姿となり、無限の神が限りある人性の中に宿り、創造主ご自身が造られたるものの一部になられて、私たちを救わんがためにくだりたまいました。

もし太陽がそのままで、この地球に近づいてきたとしたら、人畜は言うに及ばず、いっさいは焼き尽くされてしまうでありましょう。そのように、聖なる神ご自身が栄光をもってこの世にくだりたもうならば、罪ある人間はだれがその前に立てると言えるでしょうか。ことごとく滅び失せてしまうでありましょう。そこでキリストは、神たる本来の栄光を捨てて、人の子の姿となり、この世にくだりたまいました。心なき人間は、キリストをひとりの聖人ぐらいに見ていますが、それは神の栄光を捨てておられるから、そう見えるのであります。

昔、ローマにヘクターという武将がおり、武具で身をよろい、今や戦いに出て行こうとする時、最後の別れにわが子を抱いて口づけしようとしました。ところが子供はいかめしい身なりの父の姿を見て恐れ、近づこうとしませんでした。そこで彼は今一度武具をとり、平服に着替えてから子供に口づけをしました。

このように、キリストも罪人をご自分に近づかせるためには、神の栄光の姿を捨てて、人の姿をとらねばならなかったのです。

「わたしが道であり、真理であり、いのちなのです。わたしを通してでなければ、だれも父のみもとに行くことはできません」（ヨハネ一四・六）

とキリストは言われました。キリストこそ天地をつらねる一つの連鎖、神と人との掛け橋、神にして人であり、人にして神であられるただひとりの救い主であります。

「この方以外には、だれによっても救いはありません。天の下でこの御名のほかに、私たちが

救われるべき名は人間に与えられていないからです」（使徒四・一二）
と聖書にあるのは、このことを言っているのです。

第九章　生ける神の子キリスト

英雄ナポレオンが「おれは人間を知っているが、ナザレのイエス、彼は人間ではない、神である」と言ったとのことです。なるほど名もない一士官から身を起こし、ヨーロッパを征服して皇帝にまでなった彼は、人間にはどの程度のことができるものかがわかっていたのでありましょう。キリストはとうてい人間として計り知れないものがあり、人間のわざではできえないことをなさいました。高山の頂はふもとから見ると、天にとどいているように思われます。さて頂上まで登って見れば、天はなお無限に高いことを知るでしょう。キリストは地上に生まれ出たどんな偉人、聖人に比べても、なお無限に偉大であられることは、さながら天が山よりも高いことと同じであります。

チャールズ・ラムという文学者は、友人とともにテーブルを囲んで、シェークスピアを礼賛して言いました。「もしここにシェークスピアがはいってきたら、われらは起立して彼に敬意を表わし、この上席を彼に譲って、その高説を拝聴するであろう」と。その時彼はふとキリストのことを思い起こし、「しかし、もしキリストがここにはいりたもうならば、われらはその足もとにひれ伏して礼拝をささげるであろう」と言いました。

世間では、キリストを世界三聖人のひとりだ、偉大な人だとか言っています。どうしてどうして、釈迦や孔子に比ぶべきおかたではありません。孔子は「七十にして心の欲するところに従えども、矩《のり》を踰《こ》えず」といった聖人の境地に達しました。しかし「義を聞いて移ることあたわず、不善改むることあたわず、これわが憂いなり」と嘆いた罪の子でした。長い年月をかけて、修養努力の結果、ようやく聖人の域に達することができたのです。釈迦も二十九歳にして出家をして、難行苦行を積み、悪欲、煩悩と戦い、終わりに悟りを開くに至りました。

しかし、キリストは生来心に罪を感じられたことがなかったのです。生まれ出るときからきよく、罪を知らないおかたであったのです。ただにご自分の罪を感じられなかったばかりでなく、だれもキリストご自身に罪や過ち、欠陥の一つも見いだしえなかったのであります。

キリストの弟子たちは、三年半の間彼に従い、生活をともにしました。その三年半も終わりに近づいたころ、ピリポ・カイサリアの地方に弟子たちをつれて旅をした時のことでした。「人々は人の子（キリスト）をだれだと言っていますか」と尋ねました。弟子たちは「バプテスマのヨハネだと言う人たちも、エリヤだと言う人たちもいます。またほかの人たちはエレミヤだとか、預言者の一人だとか言っています」と答えました。そこでキリストの「あなたがたは、わたしをだれだと言いますか」との問いに、ペテロは「あなたは生ける神の子キリストです」と言いました。キリストは「バルヨナ・シモン、あなたは幸いです。このことをあなたに明らかにしたのは血肉ではなく、天におられるわたしの父です。……あなたはペテロです。わたしはこの岩の上に、わたしの教会を建てます」と仰せになりました（マタイ一六・一三―二〇）。

トマスという弟子は、疑い深い男で、なかなかキリストが神であられることを信じませんでした。しかしよみがえりのキリストに接したとき、「私の主、私の神よ」と言ってひれ伏しました（ヨハネ二〇・二四―二九）。

ヨハネという弟子は、最もキリストに近く生活した人ですが、「初めにことばがあった。ことばは神とともにあった。ことばは神であった。……ことばは人となって、私たちの間に住まわれた。私たちはこの方の栄光を見た。父のみもとから来られたひとり子としての栄光である。この方は恵みとまことに満ちておられた」（ヨハネ一・一―一四）と言いました。彼らは、見れば見るほど尊いそのみ姿を賛美せざるを得ませんでした。

もちろん、世の中にはひいき目というものがあります。愛してみれば、あばたもえくぼに見えてくるように、キリストの弟子たちはひいき目で良く見えたのだろうと言う人もあります。

それでは、キリストの敵となった人々は、どのようにキリストを見たでしょうか。キリストぐらい悪人どもに目の上のこぶとしてきらわれたかたはありません。なんとか罪に陥れようと、鵜《う》の目鷹《たか》の目でつけねらわれました。ときにはむずかしい難問題をもちかけて、揚げ足を取ろうとしました。しかしキリストの言行には少しの誤りもすきも見いだすことができませんでした。

キリストを銀貨三十枚で売り渡した反逆者ユダでさえ、キリストが罪のないのに刑を受けられる様子を見て、良心の呵責《かしゃく》に堪えられなくなり、「私は無実の人の血を売って罪を犯しました」と言って、首をくくって死にました（マタイ二七・三―五）。

総督ピラトは、裁判官としてキリストを取り調べた人間ですが、「彼には、死に値する罪が何も見つからなかった」（ルカ二三・二二）と、祭司長たちと指導者たちと民衆の前で叫ばないわけにはいきませんでした。

また、キリストを十字架につけるために、兵卒を指揮していた百人隊長は、キリストの十字架上でのお姿を見ていて、「この方は本当に神の子であった」（マタイ二七・五四）と言わざるを得ませんでした。

釈迦や孔子が、七十年、八十年と長生きをし、何千もの弟子を持ち、身は王子であり、大臣の地位にあって教えを広めたのに、キリストは田舎の大工の子として、三十年間ナザレの村に隠れ、道を伝えられたのは三年半にしかすぎませんでした。しかも三十三歳の青年の身で、十字架の苦刑を受けて、この世を去ったにもかかわらず、今は全世界至る所で信じられ、あがめられ、人間渇仰《かつごう》の的となっておられるとは、ナポレオンの言うように「彼は人ではない、神である」と言わねばならなくなります。

しかしそれだけではありません。キリストご自身のみことばによっても、その神たることは明らかであります。

トマスという弟子は、キリストが「わたしがどこに行くのか、その道をあなたがたは知っています」と語ったのにたいし、「どうしたら、その道を知ることができるでしょうか」と言いました。またピリポという弟子は、キリストがいつも天の神さまのことを、父上と言って、さも親しそうに仰せになるので、「私たちに父を見せてください」と言いました。するとキリストは「わたしが道であり、真理であり、いのちなのです。……わたしを見た人は、父を見たのです。どうしてあなたは、『私たちに父を見せてください』と言うのですか」と言われました（ヨハネ一四・四―一二）。

ときにはまた、ユダヤ人とのお話の中に、「あなたがたの父アブラハムは、わたしの日を見るようになることを、大いに喜んでいました。そして、それを見て、喜んだのです」と言われたので、ユダヤ人たちは、二千年も前に生きていたアブラハムに、三十歳前後のキリストが会えるものかと、おかしく思って、「あなたはまだ五十歳になっていないのに、アブラハムを見たのか」と嘲笑《ちょうしょう》しました。するとキリストは「まことに、まことに、あなたがたに言います。アブラハムが生まれる前から、『わたしはある』なのです」と仰せられました（ヨハネ八・五三―五八）。

キリストは大祭司カヤパの前に立って、取り調べをお受けになったときも、黙して一言も語りませんでした。そこでカヤパは「おまえは神の子キリストなのか、答えよ」と尋ねました。キリストはその時、「あなたが言ったとおりです。しかし、わたしはあなたがたに言います。あなたがたは今から後に、人の子が力ある方の右の座に着き、そして天の雲とともに来るのを見ることになります」と言われました（マタイ二六・六二―六四）。

キリストの罪状というのは、ただ「神の子なり」と断固として言われたことだけです。もしこの宣言が偽りであるならば、キリストこそ、この世にたぐいまれなる大うそつき、大詐欺師と言わねばなりません。

それに、キリストのなされたみわざは、とても人間わざとは思われません。

荒れ狂うガリラヤ湖の波も、「静まれ」との一言に全く静まりました（マルコ四・三五―四一）。盲目の足なえも、病人もただ一言でいやされました（ルカ一八・三五―四三）。死んで四日もたち、腐れかかって臭くなったラザロでさえ、「ラザロよ、出て来なさい」との一言でよみがえりました（ヨハネ一一・一―四四）。

不信仰な人々は、聖書には良いことが書いてあるが、奇蹟が怪しい、あれが信じられないと言います。それはキリストを人間と考えるからです。聖書はキリストが神であるということを土台に書いてありますので、人間だと考えて読めば、わけのわからない書物になってしまいます。キリストが神であられるなら、大自然の法則が創造主の命令のままになることは至極当然なことで、奇蹟などもなんの不思議もないことであります。

最後に、キリストのよみがえりこそ、彼の神たる最大の証拠であると言わざるを得ません。死は永遠に密封された状態で、どんな大英雄も大人物も、死の鎖につながれては、この中から出てくることはできません。さながら鉄張りの牢獄のようです。

しかるに、ここに死の関門を打ち破り、陰府《よみ》のとびらをけ破ってよみがえりたもうた、ただひとりのおかたがおります。これこそ「わたしはよみがえりです。いのちです」（ヨハネ一一・二五）と仰せられた神の子キリストにほかなりません。

かつて実業家として名をなした人がアメリカに行ったとき、有名なフィラデルフィアの実業家ワナメーカーに、ベタニア日曜学校に案内されました。彼は子供たちに、「孔子の教えもキリストの教えも同じようなものだから、わが輩は自分の信仰を変える必要はない……」と言いました。それを聞いていたワナメーカーは、つと立ちあがり、彼の感話にお礼のことばを言いつつも、涙とともに一言つけ加えて、「孔子の教えはもちろんけっこうです。しかし、キリストと異なる点は、キリストは十字架の死を遂げられたが、神たる力によってよみがえりたまいました。私たちはそのしかばねも墓もこの地上に見いだすことはできません。孔子はこのキリストが世の終わりに『孔子よ、いでよ』と叫びたもうまで、地下にそのしかばねを横たえて眠っているのです」と言いました。

ああ、尊い神の子キリストが、罪の子らを救うために、人の姿となって世にくだり、罪の身代わりのために死を遂げて、私たち人類の救いの道を開きたもうたということこそ、キリスト教の土台となるべき真理であります。この岩の上にわが教会を建てるとキリストは仰せられました。この信仰なしに救われる人はひとりもないのであります。

第十章　十字架上のキリスト

いよいよキリスト教で最もだいじな問題について考えるときとなりました。使徒パウロは博学多識な人でしたが、一度十字架の意味がわかってからは、「私は、あなたがたの間で、イエス・キリスト、しかも十字架につけられたキリストのほかには、何も知るまいと決心していたからです」（Ⅰコリント二・二）と言うようになりました。

ありがたがるにもほどがある、世にも忌まわしいはりつけを尊重するとはどういうことだと言う人があります。そこです。

「十字架のことばは、滅びる者たちには愚かであっても、救われる私たちには神の力です」（Ⅰコリント一・一八）

と聖書にあるように、滅んで行く世の人には愚かにしか見えないこの十字架――。心の目が開かれて、信じた人の目には、実に尊くありがたく、光栄あるものに見えるのです。

世の中には感動すべき多くの出来事もございましょう、美談もあるかもしれません。しかし、この十字架にまさって人の心を動かす力のあるものはありません。要するに、神さまの中に満ちみちているあらゆる徳、あらゆる善が、最も著しく現われているのが、このキリストの十字架であります。

今、その一部分を考えてみましょう。

一　十字架には勇気が現われている

人の心に崇敬の念を起こさせるのは、この勇気であります。東洋においても、智・仁・勇を人の三徳と言い、ローマにおいても、徳と勇気という字は同一の意味をもっていました。プルタークの英雄伝や、三国志、漢楚《かんそ》軍談のようなものを見て、肉躍る感なき人はありますまい。ほこを手にして、何万もの大軍をくもの子を散らすように追いのけた張飛の勇気に人々は感動します。

しかし、それは勇気の一面を見るにすぎません。さらに荘厳な大勇は、無抵抗の勇気であります。俠客幡随院《きょうかくばんずいいん》長兵衛が、鯉の生きづくりとなって、刃《やいば》の下になんの抵抗も見せず、自分をほうり出した度胸は見あげたものです。

インドの聖者サンダー・シングは、ある時ふたりの強盗に出会いました。賊は刃をさげて迫ってくる。殺しにきたなと思って、彼はそれなら殺されようと、静かに自分の首を出しました。そのおちついた態度にどぎもを抜かれた賊は、かえって恐れをなして、しまいには彼の前に罪を悔いて、キリストを信じるに至ったということです。これこそ真の大勇であります。

「あなたの右の頬《ほお》を打つ者には左の頬も向けなさい」（マタイ五・三九）とキリストは仰せられましたが、このような無抵抗の態度が、はたして腰抜け人間にできるものでしょうか。

キリストがゲッセマネの園で祈っておられた時、ローマの兵士たちは武器を携えて、彼を捕えにきました。キリストは静かに「だれを捜しているのか」と言われました。彼らは「ナザレ人イエスを」と答えたのです。「わたしがそれだ」と、キリストがご自分を差し出された時に、彼らはその威厳に打たれて、後ろに退き倒れてしまいました（ヨハネ一八・一―九）。

キリストは十二軍団余の天使の大軍を使って戦うことができると言われました。しかし彼は、むしろ無抵抗の道をたどって、十字架に釘付けられるためにご自分を渡されました。このようにして十字架の苦刑を受けられ、最後の最後まで、「屠《ほふ》り場に引かれて行く羊のように、毛を刈る者の前で黙っている雌羊のように」（イザヤ五三・七）、全く自分をほうり出し、泰然自若として静かに歩みたまいました。

私たちは十字架上のキリストを見るとき、真の勇気とはどんなものかがわかります。

二　十字架には忍耐が現われている

キリストは、罪もないおからだに、四十に一つを減じた三十九たびのむちを受けられました。このむちというのは、棒の先に獣の筋を九つも縛りつけ、その筋にはとがりかどばった金具や角のついたものをところどころに結びつけていました。その筋むちを力の限りふりあげて打つのですからたまりません。皮は破れ、肉は裂け、骨がさらけ出されます。そこで四十たびも打つと死ぬおそれがあるので、三十九たびに制限してあったのです。

キリストは黙《もだ》して、そのむちを受けられました。その刑罰がすむと、こんどは着物を着せ、その背に重い十字架を負わせて刑場へ引き立てて行きました。

キリストはすでに体力が尽き果ててしまい、歩みたもうことができません。十字架の重みに押し沈められて、あちらこちらによろめきつつ、道のかたわらに倒れました。獄卒どもは、なおものしりながらカルバリーの丘へと引き立てます。

エルサレムの女たちは、あまりにもむごい、いたわしい姿を見て、泣きつつ見送ります。キリストはおもむろに彼らを顧みて、

「エルサレムの娘たち、わたしのために泣いてはいけません。むしろ自分自身と、自分の子どもたちのために泣きなさい。……そのとき、人々は山々に向かって『私たちの上に崩れ落ちよ』と言い、丘に向かって『私たちをおおえ』と言い始めます。生木にこのようなことが行われるなら、枯れ木には、いったい何が起こるでしょうか」（ルカ二三・二八―三一）

と仰せられ、自分の苦しみよりも、人々の身の上を案じられたのです。

とうとうカルバリーの丘に引きずってきた獄卒らは、傷口にこびりついている着物を、まるで獣の生皮でもはぐように脱がせます。頭にはいばらの冠をかぶらせ、鮮血がからだに流れ滴ります。それから両手両足を十字架に釘付けにし、掘っておいた穴にドシンと突き立てます。全身の重みは、両手両足の傷口に集中してちぎれるばかりです。しかもキリストは一言もつぶやきません。

「キリストも、あなたがたのために苦しみを受け、その足跡に従うようにと、あなたがたに模範を残された。キリストは罪を犯したことがなく、その口には欺きもなかった。ののしられても、ののしり返さず、苦しめられても、脅すことをせず、正しくさばかれる方にお任せになった」（Ｉペテロ二・二一―二三）

と使徒ペテロは言いました。

最後の一息までも忍び、自分を殺す者のために、「父よ、彼らをお赦しください」と祈りたもうとは、なんたる忍耐でありましょう。おそらく、この世の初めから、このような忍耐は地上に見ることはできませんでした。

私たちがもし真の忍耐を見たいと思うならば、十字架上のキリストを仰がねばなりません。

三　神の義がものすごいほど鮮やかに現われている

人間の罪を赦すために、神のみ子が十字架の苦しみを受けねばならなかったとは、なんという厳粛なことでしょう。

「わが父よ、できることなら、この杯をわたしから過ぎ去らせてください」（マタイ二六・三九）とは、十字架に釘付けられる前夜、キリストのみ口からもれた祈りでした。

聖なる神の子キリストが、罪人の身代わりとなり、罪人の立場に立ち、全世界の人の罪を一身に引き受けて十字架にかかられたご苦悩は、いかばかりであったでしょう。十字架の道によらないで、人々を救う道があったとすれば、それを選びたいと思われたにちがいありません。しかし罪の恐ろしさは、キリストの十字架の苦しみによらなければ赦される道がなかったのです。神の義は、正しい審判が人類の罪の上に執行せられるまでは、これを赦したもうことはできませんでした。

昔、クロリアンスという国の王は、一つの法律をつくり、これを犯す者はその目をえぐり抜く罰を定めました。ところがその法律を真っ先に破った者は、ほかならぬ王子のひとりでした。自ら立てた罰則を遂行しなければ、国王の権威は地に落ちます。だが愛する息子の目をえぐり抜くことは、いかに国王といえども忍びないところです。そこで彼は、自分の右の目をえぐり取って、その代償としました。

ひとり子を十字架に釘付けにしてまでも処置せねばならない人類の罪。そこに神の義が現われています。ご慈悲で赦されたと思えば、罪を軽視するようになり、善悪の区別さえつかなくなります。けれども、十字架を見るとき、人は罪の恐ろしさと神の厳かな義を見て、戦慄《せんりつ》せずにはいられません。

十字架こそ、人を罪から遠ざけしめるものであります。

四　十字架は愛の絶頂を現わしている

使徒ヨハネには、わが子思いの慈母がおりました。この母は、わが子の出世を願うあまりに、まちがった願いを言い出して、イエスさまにしかられたことがあったほどです。またヨハネは、兄弟の愛をも知っていました。その彼が、

「キリストは私たちのために、ご自分のいのちを捨ててくださいました。それによって私たちに愛が分かったのです」（Ⅰヨハネ三・一六）

と言って、十字架のもとにきて、はじめて愛のなんたるかを知ったと言っております。

十字架の愛に比べるときに、父母の愛も、兄弟の愛も、夫婦の愛も数うるに足らぬものとなってきます。

要するに、愛の試金石は犠牲であります。人情や情欲を愛と混同してはなりません。我欲は人を殺し、犠牲は人を生かします。この世は真実の愛がないために、殺風景な砂漠となってしまいました。

「一将功成りて万骨枯る」と言われるように、ひとりの将軍が勝利の名声を得るためには、名もない幾多の兵士が、戦場の露と消えなければなりません。アメリカあたりでも、私腹を肥やすひとりの大金持ちができるためには、大小数百の会社や資本家が倒れてしまうとのことです。人を踏み倒して自分をたてあげ、それで成功したと言います。

第一次世界大戦のおりに、各国の費やした戦費は約二千億ドルと言います。第二次世界大戦では、その何倍かが費やされました。このような大金を使って何をしたかと言えば、第一次大戦でも一千万人近くの生首を取っただけのことです。人殺しのために二千億ドル。現在ではさらに莫大な金額が、人殺しの準備のために費やされているといいます。

それでは人を救うために、はたしていくらの金が費やされているかということを思うと、心細くなります。ああ、全世界は愛の飢饉《ききん》です。犠牲の愛の大旱魃《かんばつ》です。この砂漠のただ中に、宇宙の奥、神のみこころの源から流れきて、押し開かれた愛のいのちの水門こそキリストの十字架であります。このキリストの犠牲の愛のみが人にいのちを与えます。

犠牲の愛を現わすのはけっしてキリスト教の専売特許というものではなく、実に天地自然を貫く神の法則であります。

私は裏の畑にじゃが芋を植えておいたことがあります。数か月もたってから掘って見ると、十数個の芋が親芋の回りに鈴なりについていました。ところが親芋はと見れば、中味は全くなくなって、皮ばかりわずかに残っています。子芋にいのちを与えるためには親芋の死が必要でありました。

石炭は熱と光を放つが、しかし石炭そのものは消えていきます。犠牲なくして他にいのちを与えることはできません。

私の知人が、ロシアに宣教師として遣わされて行きました。そのころは過激派の騒動で、飢饉状態だったそうです。モスクワの郊外を歩いていた時に目についたのは、子供を抱いたまま道ばたに倒れているひとりの婦人でした。飢えのために歩く力もなくなって、子供に飲ませる乳も出ない。しかし、彼女のせめて一日なりともわが子のいのちを長らえさせたいという思いからでしよう、よく見れば、彼女は乳房の上をナイフでえぐり、その傷口からにじみ出る血を吸わせながら、子供を養っていたところであったということです。

なんという愛でしょう。ひとりの子供の一日のいのちを保つために、母親の血を必要としました。全人類が永遠の死より救い出されるためには、神の子キリストの十字架の犠牲の血を必要とするのであります。

五　謙遜が現われている

「キリストは、神の御姿であられるのに、神としてのあり方を捨てられないとは考えず、ご自分を空しくして、しもべの姿をとり、人間と同じようになられました」（ピリピ二・六、七）と聖書に記してあります。

永遠から永遠に存在したもう宇宙万有の王が、地上の王として生まれられたとは驚くべきへりくだりであります。そして、ベツレヘムの馬小屋の飼い葉桶《おけ》の中に生まれ、田舎大工の家に育ち、まくらする所もない貧しい生活をしました。終わりには、一枚の衣さえはぎ取られて、丸裸にされ、世にもむごたらしい十字架の上にさらされました。このように極悪人のように刑罰を受けたもうとは、なんという極度までの謙遜でありましょう。

イギリスのビクトリア女王が、自ら貧しい病人を訪問して慰められたというので、その仁慈と謙遜とがたたえられました。だが、宇宙最高のみ座から、人間として最も卑しめられる苦刑にまでくだりたもうたキリストの十字架、それにもまさった謙遜をどこに見いだすことができましょう。

元来、人間は自分を高くしようとして自ら滅んでしまいます。しかし、いのちの道はへりくだるところにあるのです。

アウグスティヌスのもとに、ひとりの高慢な若者がきて、救いの道を尋ねました。彼は答えて「それは謙遜です」と言いました。心の奥底をつかれた若者は、さらに「その次に必要なことは」と尋ねると、「それは謙遜です」。若者はなおも「その次は」と言うと、「若者よ、それもまた謙遜です」と語気を強めて答えたとのことです。

謙遜こそ、すべての徳の土台です。聖書の教えによれば、悪の起源は、自分を高くしようとする高慢にあったことがわかります。そこで神の子キリストは、その反対に、この極度までの謙遜の道をとおして、人の救いの道をお開きになりました。

あるとき、教会の会堂に一羽の雀《すずめ》が迷い込みました。下には人がいるので恐れ、上へ上へと逃げ場を探します。そうして、天井に頭を打ちつけ、天窓に突き当たり、しまいには力が尽き果ててしまいました。疲れきった雀は床に落ちてきました。ところが下へ落ちてみれば、なんと目の前に窓が開いているのが見えました。雀はいま一度勇気をふるって、飛び出して行きました。多くの人は、この雀のように、いのちの道を上に探し求めています。しかし救いの門は下に開かれています。「登る道は下るにあり、得る道は捨つるにあり、生くる道は死するにあり」とあります。この真理を身をもってお示しくださったのは、キリストの十字架であります。

六　神の知恵が現われている

いつの時代にも大問題となるのは、社会の改造であります。あまりにも世の中がおもしろくなさすぎます。もう少し気持ちのよい世の中にならないものかと思います。しかし、いくら社会の組織が変わっても、人の心が改まらないかぎり、良い世の中にはなりません。肝要なことは、個人個人の心の改造、人間の改造であります。

さて、それではどんな人間がりっぱな人格かと言うならば、それには三つのだいじな素質が必要であります。すなわち、自分については謙遜、人に対しては同情、神に対しては感謝の心を持つことであります。いくら手腕があり、才知にたけていても、高慢な人はけっして人の尊敬を受けません。しまいにはつまはじきされるに至りましょう。また、どんなに特長があっても、同情のない人はきらわれます。その人が成功者であればあるだけ、なおさら非難されるでしょう。神に対する感謝がなくて、いつもつぶやきと不平で満ちている人は、そばにいるだけでも気持ちが悪くなるものです。

しかし、もし人の救いが自分の努力と修養の結果であるとすれば、自分が得意になってしまいます。おそらく謙遜にもなれず、同情もなく、また自分でできたと思えば感謝もなくなることでしょう。

だが、キリストは罪人の身代わりになって十字架の死を遂げられました。何の価値もない罪人が、神の恵みと愛によって、キリストの十字架のいさおしによって救われたと思うとき、どうして高慢になれましょう。また、自分が赦された罪人であると思うとき、どうして他人に同情せずにおられましょう。ですから、神に対しては昼夜感謝しつづけても、なお足らないことを覚えるのであります。

麗しい人格、慕わしい人格、人を感化しうる高尚な人格は、このようにしてただ十字架のみもとにおいてのみつくり出されるのです。このような人物が世の中に多くなりさえすれば、会う人ごとに謙遜な気持ちのよい人ばかりになります。同情があれば相互の争いもなくなるでしょう。常に賛美と感謝に満ちた明るい世の中になるのは当然であります。

このように、あの忌まわしく見える十字架のみもとで、人生の最大の問題が解決されるとは、なんという神さまの御《お》知恵《ん》でありましょうか。

七　神の力が現われている

氷を砕こうと思えば、大きな力を必要とします。しかし、日が当たるなら、その氷は静かに音もなく溶けてしまいます。

かつて、北海道の刑務所に、終身懲役に処せられた大悪党がいました。彼はだれの言うことも聞かず、猛獣のように荒れ狂っていました。ところがある日のこと、彼が日なたぼっこをしているところを通りかかった教誨師《きょうかいし》をしている牧師が、「きみ、暖かいだろうね」とやさしく声をかけました。彼にとってはこんなことばを聞いたのは生まれてはじめてでした。やがてこれがきっかけとなって、さしものすさみきった、がんこ、冷酷な彼の心もだんだん溶かされていきました。ついには救われるに至ったということです。

愛は溶鉱炉のような力をもって、人の心を溶かします。

台湾の呉鳳《ごほう》という人の話をご存じでしょう。彼は阿里山にあって、そこの住民の共通の悪癖である首狩りの習慣をやめるように説きました。彼らは最後に一つの首を取ってからやめると言いました。呉鳳先生がやめるように言っても、彼らは聞き入れません。そこで彼は、「よし、それでは明日のいまごろ、赤い服を着た者がここを通るだろうから、その首を取るがよかろう」と言いました。

翌日、いまや遅しと待ち構えていた彼らの目の前に、確かに赤い服を着た人が通りかかりました。彼らは小躍りして喜び、その首を取って村に引き揚げました。ところが、なんとその首は呉鳳先生でした。彼らは悲嘆にくれ、自分たちのしでかしたことを悔い改め、以来彼らの間に首狩りの悪習はとだえたというのです。

どんな威力をもってしても改めることのできない人の心も、愛と犠牲の前には、ろうそくのように溶かされてしまいます。

ああ、十字架。これこそ、どんな人の心をも砕き、溶かし、これを改造する世界最大の神の力であります。

なお、十字架上に現わされていない徳というものは一つもありませんが、今ここにその全部を書き記すことはとてもできません。仰げばますます高く、望めばいよいよ輝きを放つ十字架。私たちの救わるべきただ一つの道である十字架。心からたたえずにはいられません。宣べ伝えずにはおられません。キリスト教を「十字架のことば」と言うのは当然のことであります。

第十二章　悔い改めと信仰

デンマークの都コペンハーゲンに、トールバルトソンの手になる「キリスト昇天の像」があります。これを見る人が、いきなり立ったまま見ても、下向きになっているキリストの顔の麗しさは少しも見ることができません。ところが、ひざまずいて、仰いで見ると、なんとも言えない、神々しい姿が見えてきて、思わずひれ伏してしまうと言われています。

宗教の真理においても同じことが言えます。こちらの態度一つで、見えるものも見ることができず、見えないものも容易に見ることができるようになるものです。

これまで、信ずべき事柄について述べてきました。さて、それではどんな態度を取れば、私たちは救いを受けることができるのでしょうか。

使徒パウロは、三年の間エペソの町にとどまり、熱心に伝道しました。その時に語ったことは、「神に対する悔い改めと、私たちの主イエスに対する信仰を証ししてきた」ということでした（使徒二〇・二一）。

悔い改めと信仰、これが新生への二つの段階であり、救いへの道程であります。悔い改めと信仰とは、ふつうだれでも救われる人の心に同時に起こるものであって、別々に考えることはできないものであります。

しかし、今は、わかりやすくするために、二つに分けて見ることにいたしましょう。

(一) 神に対する悔い改め

悔い改めは、まず罪を悟ることからはじまります。人の心というものは暗いものであって、しばしば罪の罪たることを悟ることができません。良心が眠っているからです。

昔、ダビデ王は、王宮の屋上を散歩しているとき、ひとりの美しい女がからだを洗っているのを見て、むらむらと欲念を起こしました。彼女はウリヤという部将の妻でしたが、ダビデは呼び寄せて不義を行いました。そのころ、ウリヤは戦陣に行っていました。

ところが不義の実は結び、ついに妊娠してしまいました。ダビデはなんとかして自分の罪を隠そうとして、しまいには、わざとウリヤを戦いの激しい所に向かわせて、討ち死にさせてしまいました。こうしてウリヤの妻を横取りして、罪の快楽に甘い夢をむさぼりました。ダビデの良心は眠っていたのです。

だが、罪は必ず摘発されます。神の預言者ナタンの知るところとなって、ダビデ王に、貧しい人の唯一の財産である子羊を、富める者が強奪したという話をして、「あなたこそ、まさしくこの富める者と同じことをしたのです」と言って、彼の罪を責めました。その時、眠っている良心を鋭くつかれたダビデは、「私は主の前に罪ある者です」と悔い改めるに至りました（IIサムエル一一、一二章）。

このように、神のみことばによって良心が呼び覚まされることが、悔い改めの第一歩であります。

次に、罪があることを示されたなら、その罪を悲しむ悔悟の情が起こるでしょう。罪を示されても、その罪のあることを悲しく思わない人の心は、ますます強情になり、がんこになって、しまいには救われる望みさえ失ってしまいます。しかし、どんなに悲しんでみても救われることはできません。

世には自分の罪を悲しんで失望したり、自殺したりして、わが身を滅ぼす人もいます。だから、一歩進んで回心することが必要であります。

回心ということばは、もともと方向転換を意味しており、「回れ右」をすることです。それは神に対して悔い改めることを言っているのです。神を忘れ、神をないがしろにして、気まま勝手な世渡りをしていたものが、神さまのほうへ向きを変えて、自分の生涯を正しい道へと進めることをいうのです。

キリストを裏切ったイスカリオテのユダは、自分の罪を悟って悲しみました。しかし神さまに対して悔い改める代わりに、自分に失望して自殺を遂げ、まっさかさまに谷底に落ち、はらわたが流れ出て滅びました（使徒一・一七、一八）。ペテロも同じように、キリストを裏切りました。だがその罪を悟って、罪を悲しんだ彼は、悔い改めて神に立ち返り、りっぱなキリストの弟子になりました。

人は罪を悟って悲しむだけでなく、断固たる決意をもって立ち上がることがたいせつです。神さまは、全世界の人に向かって、罪の道から、滅びの道から「回れ右」の号令をしておられます。そのみ声を聞いて、「立って、父のところに行こう」（ルカ一五・一八）と、天の父なる神さまに立ち返る人はなんと幸いなことでしょう。

そして次に、このように決心した人々にとってたいせつなことは、罪を告白することです。

「もし私たちが自分の罪を告白するなら、神は真実で正しい方ですから、その罪を赦し、私たちをすべての不義からきよめてくださいます」（Ⅰヨハネ一・九）

と聖書は言っております。罪の告白こそが、罪の赦される道であります。

世の法律でさえ、自首する者の罪は、いくらか軽くなることになっています。まして神さまは、キリストの十字架の贖罪《しょくざい》のゆえに、自分の罪を告白して悔い改めた者の罪をことごとく赦してくださるのです。

「自分の背きを隠す者は成功しない。告白して捨てる者はあわれみを受ける」（箴言二八・一三）。罪は隠しておけば、飲み込んだ毒のように私たちに災いし、ついに死を招くことになります。しかし罪を言い表わして悔い改めるならば、「御子イエスの血がすべての罪から私たちをきよめ」（Ｉヨハネ一・七）てくださるのです。

それでは、罪の告白はだれに対して、どんな具合にすべきかというならば、その罪の災いした範囲に及ぶべきであります。すべての罪は神に対する罪ですから、神さまに対してまず告白しなければなりません。しかし、その罪が親を苦しめた罪であれば親に対して、友人を傷つけた罪であれば友人に謝るのです。もし仕事の上でのことであればその職場の責任者に、公職であって公衆に迷惑をかけたのであれば、公衆の前に告白するのは当然であります。人に返すべきものがあればそれを早く済ませ、今すぐできなければ、返済の決心、方法などを神に祈り求めるべきであります。

こう言えば、たいへんむずかしいことのように思われます。しかし決断してやるならば、神さまは必ず助けてくださいます。思いのほか容易にできるものです。神さまはみこころに従って悔い改めようとする者に対して、豊かに恵みと力とをお与えになります。

神さまが罪を告白せよと命じたもうのは、罰するためでなく、責めるためでもなく、苦しめるためでもありません。あなたを赦すため、きよめるため、恵みをもって顧みてくださるためであります。私たちは善を行なうために臆してはなりません。

(二) キリストに対する信仰

さて、このように悔い改めることとともに、いま一つ肝要なことは、キリストに対して信仰することであります。これがないために、多くの決心も覚悟も、人を救いに至らせることができませんでした。

「来年は来年はとて年の暮れ」といった調子で、ことしは失敗したが来年こそはと決心する。その来年もだめになって、また決心のやり直しをしなければならないのが人の常。決心や覚悟はそれほど当てにはなりません。どうしても神の力を受けるためにキリストを信仰することがたいせつです。

列車も機関車につらなってこそ走る力ができ、電車も上の電線に触れてこそ電力を受けるのです。人間も力といのちの源である神さまにつらなってこそ、いのちと力とを受けることができるのです。そして神と人とを結び合わせるもの、それが信仰なのです。

信仰というのは、宗教のことに限りません。一般に社会をつらねる連鎖の役をなすもので、銀行も信用があればこそ成り立っており、信用がなくなれば破産するほかはありません。すべての商売も信用ずくで立っているのです。汽車に乗るにしても、線路の完全と機関士の技術とに信用がなければ安心して乗るわけにはいきません。紙幣に価値があるのも、それを発行する国の政府に信用があるからのことです。第一次世界大戦後のドイツでは、政府の信用がガタ落ちで、マルク紙幣は反古《ほご》同然で、普通の紙よりも安いので、ある工場では機械の油をぬぐうために紙幣を使ったと言われています。それでは社会も国家もあったものではありません。信用があってこそ社会は成り立っていくものであります。

このように、人は日常生活の間にも、信じる心を働かせて、互いにつらなり助け合って生きています。それならば、その信じる心をそのまま神さまに向けることはできないものでしょうか。神を信用して、お任せする心が信仰であって、これによって神と人とは結びつけられるのです。

私が救われたのは、寝台の傍らにおいてでありました。忘れもしない二十歳の春、キリストの教えを聞きながらも信じることができないで、不安にかられながら寝室にはいりました。その時私の心には、私は今晩一夜の運命を一つの寝台に任せる、寝台に任せて手足を伸ばして言いがたいくつろぎを覚える、一つの寝台にさえ一夜の運命を任せることができるのに、どうして神さまに全生涯を任せることができないのか。よし、私は今後寝台に身を任せるように、神さまにいっさいを任せようと、決心してゆだねました。その時心に言いがたい平安が押し寄せ、そこで私のたましいは神さまに結びつけられて救われたことを自覚しました。この体験は何年たっても変わりません。ますます堅くされるばかりです。

私はこんな話を聞いたことがあります。アメリカのバージニア州に、天然橋と呼ばれる奇勝があって、一枚の岩が山と山との間に掛け橋になっています。そこへ学生たちが見物にやってきました。ところが岩の上を見ると、一本の珍しい花が咲いている。仲間から、あの花を取ってくる者はいないかということになった。ひとりの元気な学生が、「よし、おれが取ってくる」と言うが早いか、上着を脱いでさっと岩をよじ登りはじめた。仲間の励ましやほめそやす声を聞きながら、彼は夢中ではい登り、やっと花を取って、いざ下りようと思って下を見たら、たいへんな急傾斜。一度踏みはずしたらと思うと、急におじ気づいてしまいました。だいぶ手足も疲れています。そこにじっとしていることさえこわくなって「助けてくれっ」と叫び出しました。

仲間はとっさにどのようにして助けていいかわかりません。やっとみんなの持っている綱やバンドなどをつなぎ合わせて、大急ぎで岩の裏がわから登って、その綱を投げかけました。けれども岩がくぼんでいるために、五十センチばかり彼のところに届きません。「おーい、うしろの綱につかまれ」と声をかけられても、とてもこわくて動けない。やりそこなえば一命はありません。そうかといって動くほかに道はない。彼はいよいよ最後の決心をして、岩から手を離し、いのちがけで思いっきり綱にとびすがり、ようやく助かったということです。

滅びの岩に取りすがり、死を待つばかりの私たちのために、天よりくだったイエス・キリストは、いのちの綱のように、私たちが信じ頼るのを待っております。一思いに、いっさいのものから手を離し、このおかたに信じすがるところに真の救いがあるのです。

いっぽうの足は陸に、いっぽうは船にというような二股《ふたまた》をかけた信仰ではなく、身もたましいも、運命も、いっさいを救いの船であるキリストに任せきったとき、私たちはまちがいなく、永遠のいのちの港に着くことができるのです。

「わたしにとどまりなさい。わたしもあなたがたの中にとどまります」（ヨハネ一五・四）とキリストは仰せられました。いっさいをゆだねるとき、キリストは私たちの中に働いて、いのちの力を満たし、人格を改造して、神の子の性質を与えてくださいます。

第十二章　赦罪の恩寵《おんちょう》

神に対して悔い改め、キリストに対して信仰した結果として、神さまから二重の恵みが与えられます。

その一つは、罪が赦されるということであります。

「幸いなことよ　その背きを赦され　罪をおおわれた人は。幸いなことよ　主が咎《とが》をお認めにならず　その霊に欺きがない人は」（詩篇三二・一、二）

とダビデ王は言いました。

彼は一介の牧童から一国の王にまでなりました。うれしかったことも楽しかったことも数々あったことでありましょう。しかし、彼は自分の罪が赦されたことがわかった時以上の喜びを、ほかに経験することはできませんでした。

彼は王になったという喜びを歌に表わすことはしませんでしたが、罪赦されたことを悟った時は、思わず「幸いなことよ」と叫び出さずにはおられませんでした。

前にも述べましたように、彼は部将ウリヤが出陣している留守に、その妻バテ・シェバに横恋慕して、ついに罪を犯し、みごもらせてしまいました。王に忠誠を誓い、祖国のために一身を捨てて、戦場で戦っている将兵たちの家族を保護することこそ、王たる者の務めではありませんか。それなのに、この始末。王としてなんの面目あって民の前に立つことができましょう。彼は百方手を尽くして、自分の罪をおおい隠そうとしました。だが、歴然たる妊娠という事実の前に、罪を隠しきれないと知ったダビデは、ついにウリヤを討ち死にさせてしまったのです。

一つの罪を隠せば、その腐敗はますます広がっていき、姦淫は虚偽を生み、しまいには謀殺の罪ともなっていきました。隠せば隠すほど、あばかれていくのが罪の本性です。

かつて、アヘン密輸を企てた一そうの船が、イギリスの海岸に近づいた時、水上警察艇に見つかりました。彼らは海上を逃げ回りながら、アヘンの箱におもりをつけて、みな海に投げ込みました。ところが、沈んだとばかり思っていた箱が行列をなして浮かび上がってきました。自分で罪の始末をつけよう、つけようとする者は、みなこのように、いよいよボロを出すばかりです。

ダビデも、自分の罪を隠そう、隠そうとしていた間は、ただ苦しむばかりでした。彼は、その時のことを、

「私が黙っていたとき　私の骨は疲れきり　私は一日中うめきました。昼も夜も　御手が私の

上に重くのしかかり　骨の髄さえ　夏の日照りで乾ききったからです」（詩篇三二・三、四）と言いました。

しかるに、神さまは罪を告白した彼を赦してくださいました。「もう一度、私たちをあわれみ、私たちの咎を踏みつけて、すべての罪を海の深みに投げ込」（ミカ七・一九）むと聖書にあるとおりです。何千メートルの深海に指輪を落とせば、永遠に取り返すことができないように、神さまは、キリストの十字架のいさおしのゆえに、影も形もないまでに、すべての罪を全く赦してくださるのであります。

ダビデは、その罪が神さまに赦されるまでは、その罪に責めたてられて、悩まされました。

「まことに　私は自分の背きを知っています。私の罪は　いつも私の目の前にあります」（詩篇五一・三）

と言って、その痛々しい罪の傷あとを見つめて悲しみました。どんなにもだえても、嘆いても罪は消し去ることはできません。

私の友人が、幼いころ下関に住んでいた時のことだといいます。彼は向こう岸の公園に出かけて、桜の木にナイフで、記念に自分の名を彫りつけました。それから何十年かたって、思い出の公園に行って見ると、あの桜の木は見違えるほどの大木になっていました。しかし、自分の彫りつけた傷も大きくなって、いまなお歴然として幼い時のいたずらが残っているのには、なんとも言えない厳粛なものを感じたと言っていました。

一度つけた罪の傷あとはけっして消えません。宇宙のどこかにその痕跡を残して、審判の日を待っていることを思うと、戦慄せずにはおられません。なんとか、この罪の痕跡を消し去る道はないでしょうか。

「私の咎を　私からすっかり洗い去り　私の罪から　私をきよめてください」（詩篇五一・二）と、ダビデは神さまに泣き叫びました。幸いなことに、神さまはキリストの十字架のゆえに、罪の痕跡の一つも残らないまでに、その罪をことごとく洗い去ってくださいます。

海岸の砂浜に作った子供の砂山は、一度大波がくるなら、何の痕跡も残しません。そのように、古きは去ってみな新しくせられ、いまだかつて罪を犯したことのない者のように、きよい心にされるだけでなく、かえって、その罪の記憶が感謝のもとと変わってきます。波間にもまれ、岩角に打ちつけられ、傷まみれにされた貝の傷口には、光沢ある真珠質のものができて、その痛手はかえって麗しくなります。このように、罪の痛手も、罪が赦されたという感謝の思い出になってくるのであります。

元来、罪というものは、神と人とに対する一つの負債で、これを支払うまでは、その責任を逃れることはできません。「なに、今までのやった罪はいたしかたがない。これから善行を励んで罪の償いをするのだ」と言う人がいます。しかし、善行は人として当然なすべきことであって、過去の罪業の償いとはなりません。
今まで掛け買いをしておいた借金を払えないからといって、今後は必ず現金買いにすると言っても、今までの借金を払わないかぎり、店のほうでは承知しないでしょう。
「罪の報酬は死です」（ローマ六・二三）
「罪を犯したたましいが死ぬ」（エゼキエル一八・四）
と聖書にあります。
罪とは、神の前に死をもって償わなければならない責任を人に負わせるものです。しかも、その死とはただだからだだけの死ではなく、たましいの死、すなわち神から離れて永遠に滅びる地獄の刑罰であります。どんなに熱心に念仏したとしてもごまかすことはできません。また金や財産を差し出したとしても償うことのできない重大な事柄です。罪が赦されるためには確固たる土台がなくてはなりません。
亀永松太郎さんは、伝道者としてりっぱな働きをした人ですが、それ以前は二十七年も鉄窓の生活をした人でした。この人が、ある夜脱獄して一軒の家に忍び入りました。有り金、着物などを盗み、囚人服を脱ぎ捨てて、あちこち遊び歩きました。食べ放題、遊び放題、きのうまでの牢獄の不自由な生活に比べて、なんという変化。思いどおりにできる自由。けれども彼にはひとかけらの安心もなかったというのです。いつつかまるかと思うと気が気でなりません。飲んでも食っても、味もろくにわかりません。とうとうつかまって、もとの監房に押し込められ、錠がガチャンとかかった時、はじめてヤレヤレと安心したということです。

罪人のためには、その罪が罰せられたところがいちばん住みごこちの良いところでした。このように、神さまはキリストの十字架の上に人間の罪を罰したまいました。ここに人類の罪は罰せられ、罪の払うべき当然の死の価は払われました。ですから、罪を悔い改めて、キリストを信じるひとりひとりに、この赦罪の恩寵が与えられるのです。そこのみが、罪を犯した人類のほんとうの安息場所であるのです。

村松浅四郎さんは、昔神戸で刑余者の救済をしていた人でした。かつては「箱師」といって、汽車や電車の中で人のものを盗むスリでした。しかるに、獄中で差し入れられた聖書を読んで、全く罪を悔い改めてキリストを信じました。それからは打って変わった善人となりました。出所してからは、刑務所を出た身寄りのない人々の世話をして喜ばれ、キリスト教の伝道を始めました。何度かの大赦令によって公民権が復権して、全然前科のなかった者として認められたのであります。

前科者として世人につまはじきされてもしかたのない人が、公民権が回復されたのみならず、かえって世人から感謝を受ける身となりえたのはどうしてでしょうか。ただキリストの十字架の恵みにより、神の前に罪赦され、救われたればこそであります。

山口豁《とおる》という人は、二人も人を殺した凶悪犯でした。罪跡をくらまして逃げ回っていたある夜のことです。良心にとがめられて眠ることができず、ついに自首いたしました。彼は獄中で大沢牧師の導きにより、キリストの救いにあずかりました。それからの彼の獄中での生活は、感謝にあふれる毎日となりました。やがて長崎で死刑を執行されることになりましたが、彼は少しも取り乱すことなく、一首の歌を大沢牧師に託しました。大沢牧師が私のところに立ち寄って、その歌の紙を見せてくださったので、今もはっきりと覚えています。紙には、

「罪の身は浮き世のちりと消ゆとても
心は清き神の都へ
キリストの血に救われし罪人のかしら　山口豁」

と記されてありました。

彼は、なにも恐れることなく、絞首台に登り、首に二重の縛り縄を巻きつけられました。彼は輝いた顔をして、「山口豁はいまから天国に行きます。ハレルヤ、ハレ……」と言った時に、踏み台がはずされ、六、七メートルも落ちて、そのまま死んでしまいました。その光景を見ていた人たちは、だれひとり声を出す者なく、執行吏たちも「こんなに輝いた人間の最期を見たことがない」と驚いていたそうです。

世にも恐ろしい殺人犯が、その大罪をさえ赦されて、王の王なる全能のきよき神のみ前に、恐

れなく立つために、喜んで死刑を受けることができる。これこそはキリストを信じる者にたまわる赦罪の恩寵であります。

第十三章　新生

キリストを信じることによって与えられるもう一つの恵みは、新たに生まれるということであります。

サマーフィールドという人は、「あなたのご生国はどこですか」と尋ねられると、「リバプールとダブリンです」と答えました。なんと妙なことを言うものかと聞きただしてみると、肉体の誕生はリバプールで、たましいの生まれ変わった所がダブリンだという意味でした。

このように、クリスチャンには、いつ、どこで生まれたということが確かなことであるように、たましいの生まれ変わったことも確かな事実となっているのであります。

イエス・キリストが、「人は、新しく生まれなければ、神の国を見ることはできません」（ヨハネ三・三）と仰せられたように、人は新生の経験なしに、まことの信者となることはできません。

キリスト教を「切支丹邪宗門」と言って、排斥した時代はすでに過ぎ去りました。よほど時代遅れの人でないかぎり、キリスト教は良いものだぐらいはわかるようになってきました。ところが一つの問題は、キリスト教は良いには良いが、むずかしくて困る、あんなシチめんどうくさいことはどうもごめんだ、と言う人がいます。

酒、タバコ、飲まぬ宗旨のヤソ教は、
アーメン道（ああめんどう）の宗旨なりけり

とだれかが皮肉ったように、あまりに堅苦しくって、そんなことでは楽しみがなくなるというのでありましょう。

もしそういうことを言う人があるならば、その人は一つのことを忘れています。それは人は行いをする前に、まず生まれ変わらねばならないということです。魚は水の中に住むようにできています。そこを出たら苦しみます。また鳥は空に住むようにできているので、水の中にはいるなら生きていけません。

このように、神の国のきよい世渡りをしようと思えば、まず神の国の子としての性質を受けるため、生まれ変わらねばなりません。みみずをゴミための中から取り出して、絹のふとんに寝かせても、いっこうにありがたいとは思わないでしょう。やはりみみずはゴミための中が慕わしいと思っているにちがいありません。

それと同じように、罪の性質を持った人々を、教会のきよい集まりにつれてきても、堅苦しいと思うばかりでなんの興味もありません。遊びに行こうとでも言えば、大喜びでついてきます。

それは新しく生まれ変わっていないので、罪のゴミためのほうが、その人の性質にピッタリするからなのでしょう。こういう人に、キリスト教の道徳を教えて、実行せよと言ったとしても、それは鳥に向かって水の中で生活せよと言うのと同じようなもので、無理な注文であります。人は正しいことをする前に、その人間の性質が正しく生まれ変わらねばなりません。

しかし、人の性質が変わるということはなかなかむずかしい問題です。「ごく無理な意見、たましい、入れ換えろ」で、いくら涙をしぼっての親の説得も、持って生まれた根性は、そうやすやすと直るものではありません。しかし「人にはできないことが、神にはできるのです」（ルカ一八・二七）とあるように、「神に対する悔い改めと、私たちの主イエスに対する信仰」（使徒二〇・二一）をする時に、神のいのちはキリストによってその人の心に流れ込み、神の力によってその全性質が変わってしまいます。

「しかし、この方を受け入れた人々、すなわち、その名を信じた人々には、神の子どもとなる特権をお与えになった。この人々は、血によってではなく、肉の望むところでも人の意志によってでもなく、ただ、神によって生まれたのである」（ヨハネ一・一二、一三）と聖書にあるように、神の性質といのちとを受けて、神の子として生まれ変わるのであります。

今から百五、六十年も前、ドイツのハンブルク市にコレラの大流行があり、住民の大半が死んだということがありました。その原因は、水道の水源地にコレラ菌がはいり、そこで繁殖して水道管を伝わってまんえんしたというわけです。このように、罪の病毒は、人間の始祖アダム、エバの心に注入され、彼らが罪に陥ったその病毒が、子々孫々に遺伝して今日に至っています。ですから、人はみな生来罪の性質を宿しているのです。

「こういうわけで、ちょうど一人の人によって罪が世界に入り、罪によって死が入り、こうして、すべての人が罪を犯したので、死がすべての人に広がったのと同様に――」（ローマ五・一二）

と聖書にあるのは、このことを言っているのです。

小さい子供をごらんなさい。他人の物でも勝手に取るし、気にくわなければダダをこねて母親につっかかります。もみじのような手だからかわいいダダッ子ですみますけれども、大きくなれば親泣かせの極道息子ともなりかねない本性がすでに宿っているのです。

道徳だ、倫理だと教えられはするが、年をとるにしたがって、教えられた善行はせず、教えられもしなかった不品行をやりがちなのは、人の心に罪を犯す傾向があるからです。何度決心しても、その決心の下から罪の性質が頭をもちあげてくつがえしてしまいます。

そこで神さまは、み子イエス・キリストを世に遣わしたまいました。先祖アダムは地獄の罪と災いと死とを、この人間世界に流し込みましたが、キリストは天国のパイプとなって、いのちと恵みと徳とを、彼を信じるすべての人に流し込んでくださるのです。電力でさえ、これに触れると力が流れ込んできます。まして、力といのちの源である神さまに、信仰によって触れるならば、力といのちが流れ込んできて、人間改造のわざが行なわれ、生まれ変わって、新生涯にはいるようになります。これこそ新生の恵みであります。

私が小さい時にすごした屋敷の周囲に、竹やぶがあって、春になるとたくさんの竹の子が出てきました。あんまりたくさんの皮をかぶって窮屈そうにかしこまっているのを見て、幼い私は、これでは不自由で大きくなれないだろう、もっと自由にしてやったらと思って、その皮をはいでやりました。ところが竹の子は大きくなるどころか、かえって枯れてしまいました。皮をはがなくても、中にはいのちがあるので、生長するままにしておけば、ひとりでに皮ははがれてしまうのです。

極道息子を呼びつけて、目をむいた父が、「おまえは酒をやめろ、タバコをやめろ、女遊びを思い切れ」などと、できもしない注文をするのは、ちょうど竹の子の生皮はぎをやるようなもので、息子のほうもいたたまれないで家出をするということになりましょう。

キリストはけっして自分からやめる力のない罪人に向かって、酒やめろ、タバコやめろ、悪事を離れよと命令なさいませんでした。かえって、

「すべて疲れた人、重荷を負っている人はわたしのもとに来なさい。わたしがあなたがたを休ませてあげます」（マタイ一一・二八）

と仰せになっています。まずキリストに来て、救われることです。そしていのちをちょうだいするなら、竹の子の皮が自然にはがれるように、さまざまな罪の習慣はやんでしまいます。罪を犯すのをやめねばならないと努力するのではなく、罪そのものがきらいになります。

「わたしのくびきを負って、わたしから学びなさい。そうすれば、たましいに安らぎを得ます」（マタイ一一・二九）

とキリストが仰せられたように、神に自分を任せて、善をなすのがなによりの楽しみとなってきます。きよい神の子の性質が与えられたから、きよい世渡りをするのが楽しみとなるのは当然のことであります。

このように、地上において生まれ変わりの恵みにあずかり、性質が変わるのでなければ、おそらく天国に行っても苦しくってしようがないことでしょう。

こんな話があります。鶴が沼の中に立って、しきりに蛇を探していました。すると天国から白鳥が降りてきて、

「鶴さん、こんな汚ない泥の中に生活するより、わたしといっしょに天国に行こうではないか。天国はそれは美しい楽しい所だよ」

鶴はいっこう気乗りしない顔つきで、

「では、その天国とやらには蛇がたくさんいるかね」

「いや、蛇のような、いやなものは一匹もいないよ。もっときれいな所だよ」

「じゃあ、行くのはやめた。おれは蛇を食いたいから、やっぱり沼の中がいいよ」

蛇を食べたいという汚れた根性では、天国はちっともありがたくありません。

「人は、新しく生まれなければ、神の国を見ることはできません」（ヨハネ三・三）

と聖書にあるように、天国に行くには、まず天国の子供らしく生まれ変わっていなければ、かえって苦しむにちがいないのです。しかし、一度新生の恵みにあずかれば、

「神の国はあなたがたのただ中にあるのです」（ルカ一七・二一）

とキリストも仰せられたように、天国の生活はその時からはじまります。

ひとりの青年が肺結核になり、回復の望みが全くなくなり、毎日悩み苦しみ、天を恨み地を怒り、悶々《もんもん》としていました。私は彼を訪ねて、信仰の話をしたのですが、彼には神の恵みを受けつける余裕もないほどの苦しみようでした。その後容体が変わったと聞いて、もう一度訪ねて行きました。すでにやせ衰えて、見る影もない状態です。にもかかわらず、彼の顔は喜びに輝いているではありませんか。

なぜでしょう。三日前にいよいよ回復の見込みなしとあきらめて、死の直前に立ってみれば、なんとなく行く末が恐ろしい。今まで犯した罪の数々が走馬燈のように浮かんできます。恐怖と絶望の底に沈んだ時、あの時聞かされたキリストの十字架がわかってきました。聞きおぼえの

「御子イエスの血がすべての罪から私たちをきよめてくださいます」（Ⅰヨハネ一・七）との聖書のみことばが浮かんできて、それを信じたら、いっさいの罪を赦されて、神の子とされたという確信が与えられました。すると、急に心が明るくなり、感謝でいっぱいになってきました。「ああ、うれしい、うれしい」と、出もしないしゃがれ声で叫んでいるこの青年を見て、彼のたましいは直ちに天国に行く、しかしその前に、天国の喜びはすでに彼の心にはいってきているのだと思いました。

太平洋の水を貝殻ですくってきても、その分量はわずかです。しかしその性質には変わりありません。私たちがこの地上において、生まれ変わりの恵みを受けて与えられる喜びは、やがて天において受けようとする幸いに比べるなら、それはわずかなものでありましょう。でも性質においては同じものであります。生きている現在から天国の喜びを味わいつつ生涯を送り、死んでからはその幸いの本源に至って、心ゆくばかり永遠の喜びにあずかるとは、なんと幸いではありませんか。

今罪を悔い改め、キリストを信じて新しく生まれ変わり、今から天国の生活にはいられることをお勧めいたします。

第十四章　復活の希望

およそ死というものほど人にきらわれるものはありません。死ということばだけでもいやがります。葬式から帰ってくると、塩をふりかけて、その不吉をきよめるという始末です。

栄耀《えいよう》栄華をきわめた秦《しん》の始皇帝は、一度死を思ったら不安でたまらず、不老不死の薬を求めて、蓬萊《ほうらい》の島へ使者を遣わしたということです。死から免れるためとあらば、どんなことでもいとわない。医者よ、薬よと大騒ぎをするのも、畢竟《ひっきょう》死にたくないからのことで、痛いめをしても、自分のからだを切り刻ませても、いのちが助かるためとあれば手術でも受けるのであります。自分のいのちだけではなく、子供のいのちを助けるためにも、茶断ち、塩断ち、水ごり、難行苦行、何をやってもと懸命になるのが人情の常であります。

ところが、やっかいなのは死という怪物です。それほどいやがられるのに、なおも執念深くつきまとってきて、いやだというのに、むやみやたらに、かたっぱしから取り殺してしまいます。

ここに人生の惨めさがあります。そこで人間はしかたがないから、なるたけ死について考えまいと努めます。そんな不吉な話はやめにしようというわけで、「四」という数字までが「死」に響くからと忌みきらわれます。ところが死というものは、考えずにいたからとていっこう遠慮しません。

熱帯の砂漠地方では、ダチョウをつかまえるのに、馬に乗って追いかけるそうです。ダチョウセンセイ、あまりに図体《ずうたい》が大きいので駆けるにも駆けられず、走るにも不自由でうまくいきません。いよいよ追い詰められて逃げ場がなくなると、いきなりくちばしで砂をほじくり、穴を掘ってその中に頭を突っ込んで隠れる。むろん大きなおしりはまる出しです。しかし自分は敵が見えないから安心しています。そこへ近づいて網をかけて生け捕りにするという話です。

死を考えないでいて、それで一時の不安を防ごうとするのは、つまり、このダチョウのお仲間のようなものでありましょう。

ある人は、いや死は人生の常である、だれにも一度は回ってくる、あきらめるよりほかないと言います。しかし、このような深刻な事実を、そうやすやすとあきらめられるものではありません。

ギリシアの七賢人の一人と言われたソロンは、その愛娘《まなむすめ》を失って悲嘆にかきくれていました。人々は彼を慰め、「そんなに嘆かれたとて、一度死んだ者が帰ってくるものでもあるまいに、まああきらめなさったらどうでしょう」と言うと、「いやいや、もし泣いて悲しんで帰ってくるものならば、このように取り乱しはしません。しかし、泣いても悲しんでも帰ってこないと思うと、なおさら悲しくなります」と、またひとしきり泣いたということです。

思えば思うほど悲しくなって、あきらめのつかないのが死というものであります。はなはだしきに至っては、酒や遊びにまぎらわして、その悲しみを忘れようとする者さえあります。これは実にひきょうなことだと言わねばなりません。

キリストは十字架の苦刑を受けられるとき、その苦しみを和らげるために、ローマの兵士たちが麻酔薬として酢を海綿に浸して、その口もとに差し出しました。キリストはその酢を受けず、最後まで鋭敏な、覚めた感覚をもって死の苦しみを味わい尽くし、人類の救いを成し遂げられました。これはまた私たちの取るべき態度でなければなりません。少しもごまかさず、真剣にこれを見つめ、覚めた心持ちをもって、十分にその悲痛を味わい、そして後に得るところの大悟徹底のうえでの安心でなければ、ほんものということはできないでしょう。

元来、人は死というものをなぜいやがるのでしょうか。それは死後の状態がどうなるかわからないからであります。

ある人は考えます。死んでしまえばそれっきり人は消えてしまう。人間のたましいの働きは脳髄の作用だ、だから頭を強く打てば人事不省に陥る、脳ミソの中のある部分に血が染み込んでも、直ちに人の意識は不明になったり、変な調子になったりする、脳ミソが働かなくなれば人は眠ったような有様で、たましいもなくなったのも同様。つまり人間のたましいとは、脳ミソの作用にほかならないというのです。しかし、人間のたましいは湯が沸いて蒸気ができるような物質から出てくるとは思われません。からだはいわばたましいの住み家で、さまざまなからだの器官は、このたましいが使うところの道具にすぎません。脳もこの大事な道具の一つであります。

電話機でも損ずれば話ができなくなるように、脳を損ずれば、この世の生活をするのに差し支えを生じます。そうかといって、電話機は壊れても、話す人は生きているように、脳は故障しても、これを使うたましいは生きているのです。

この私たちのからだにしても、その中に宿る私は、子供の時の私も、大人になった私も、成長こそしておれ、私というものに変わりはありません。しかし、からだは七年めごとに全く新しくなっています。子供の時持っていたからだとは全然別な物質によって今のからだは組み立てられているのです。このように、からだは変わっても私に変わりはありません。

たとえば、私がアメリカへ旅行しようとすれば、駅までは車で行く、港までは電車で行く、しかし港からは船に乗り換えねばなりません。また空の旅ならば飛行機に乗らねばなりません。乗り物は変わっても乗り手は変わりません。

このように、人間のたましいがこの世で生活する間は、このからだに宿って世渡りをします。しかし、来世の生活にはいるには、このからだという乗り物では間に合わない。新しい霊のからだという乗り物を神さまからいただいて、あの世の生活にはいるということになるのです。からだは変わってもたましいに変わりはなく、なお来世においては限りなく生活を続けていくのであります。

大木になる苗を小鉢に植えておいては、とても十分に生長させることはむずかしく、それで少し大きくなれば、さらに大きな鉢に植え替えねばなりません。そのように、神さまから聖霊をいただき、神の子のいのちを受けて生まれ変わり、永遠に生きようとする人のたましいは、このからだの小鉢の中ではとても十分な成長発達はできません。神さまはこのたましいにふさわしい霊の容器を与えてくださるのです。

ですから、神のいのちを受けたクリスチャンにとって、永遠に生きるということは、きわめて明らかな希望となり、死によっても断たれない不朽のいのちがあることがはっきりとしてきます。ですから、死に対する恐れと不安はなくなってしまいます。

このいのちを持った者と持たない者とは、ちょっと見ては見分けがつきません。しかし、木枯らしが吹いて、はじめて松柏《しょうはく》の常磐《ときわ》の緑がなおいっそう鮮やかになってくるように、人はその臨終に近づいた時に、はじめてその中に宿すいのちの性質がよくわかってきます。無病息災な時には、健康や財産、才能などで輝いておることができましょう。しかし目はくぼみ、息はきれぎれになり、親族縁者に囲まれて、この世を去ろうとする時、意地もがまんもありません。こんな時こそ神の子のいのちの力を持っている者は内から輝き出て、臨終の床を飾るのであります。

過去何十年の間に、私の知っている多くのクリスチャンが死にました。私はしばしばその臨終の床にあって、その終わりを見届けたのですが、まことに救いの恵みを受けた者は、ひとりの例外もなく、みな喜びと平安に輝いてこの世を去っていきました。ある人は、死のいまはのきわに、

春の日の盛りの花の衣着て
心うれしくかえるふるさと

という辞世の歌を詠んで、安らかにこの世を去ったということです。罪を抱いたまま死ぬならば、死は刑務所の門かとも思われましょう。だが、キリストの十字架によって罪赦されてみれば、神さまとは親子の間柄であることがわかって、何の恐れもなくなってしまいます。さながら留学していた子供が学業を終えて、卒業証書を握って喜び勇んで故郷に帰って行くように、心うれしく天父のおひざもとに帰ることができるのであります。

この世界は、父なる神の治めたもう一つの家庭ということができます。地上は下の間で、天国は二階のようなもの。ある信者が死ぬ間際に、ほほえみながら、「一足お先に二階へ上がります」と言って息を引き取ったということです。まことに、死を見ること故郷に帰るようなものだ、とはクリスチャンのことであります。

私の友人のいとこにあたる人が先ごろ死去しました。彼は病床において、友人の導きを受けて

信仰を持ったのです。病状は日に日につのり、力は衰えます。しかし彼のたましいはますます輝いてきます。いよいよ終わりも近づいたと思われるころ、両親をまくらもとに呼んで、

「お父さん、あなたは私を愛してくださるでしょう」

「ああ、そうとも」

「お母さん、あなたも私を愛してくださるでしょう」

「ええ、愛しますよ。早くよくなってちょうだい」

彼はさも満足げに、「ああ、うれしいなあ。お父さんも愛してくださる、お母さんも愛してくださる、天のお父さまも私を愛して待っていてくださる。ああうれしいなあ」と言って、なにを思ったか、近所隣にも聞こえるような大きな声で、「万歳ッ」と叫びました。

みんなはあまりに元気がいいのでびっくりしたが、それが今生のおいとまごいで、そのまま人事不省に陥り、眠るようにこの世を去りました。死ぬいまはのきわにさえ「万歳」と叫んで死ねる、これが神の子となった実証でもありましょう。

「『死よ、おまえの勝利はどこにあるのか。死よ、おまえのとげはどこにあるのか。』……神は、私たちの主イエス・キリストによって、私たちに勝利を与えてくださいました」（Ⅰコリント一五・五五、五七）

と聖書は言っております。

もともと、死は鉄張りの牢獄《ろう》のようなもので、古来何千年の間に、どんな偉人も英雄もみなこの中にのみ込まれ、閉じ込められて、だれひとり出てくる者はありませんでした。死は最大の勝利者、恐怖の王者でありました。

しかるに、主イエス・キリストは人間の罪の身代わりに十字架の死を遂げ、墓に葬られ、陰府《よみ》にくだりたまいました。そして三日めに神たる力によって、死の関門を打ち砕き、陰府の力をけ破ってよみがえり、今なお生きて、私たちを救うために働いておられるおかたであります。

このおかたを信じて、このおかたのいのちの力を受けた私たちもまた、死にも陰府にも打ち勝って、臨終の床にも輝くだけでなく、キリストのようによみがえることができるのです。これこそキリストを信じる者に賜わる永遠のいのちの恵みであります。人々が恐れおののく死の真正面に立っても、大勝利を叫んで天国に昇り行くことができる神の力であります。キリストは、

「わたしはよみがえりです。いのちです。わたしを信じる者は死んでも生きるのです」（ヨハネ一一・二五）

と言われました。

第十五章　結び

ただいままで、キリスト教のだいたいについてお話ししました。私の切なる願いと祈りは、あなたに、ただキリスト教を理解していただくというだけでなく、一歩進んで、この道理を自分にあてはめ、罪を悔い改めてキリストを信じられるようにということです。そして、まことに生まれ変わった新生涯にはいり、永遠のいのちに生きる神の子となっていただきたいことであります。

ここまで読んでこられたあなたは、今までになく、救われねばならないことを感じておられるのではないでしょうか。それこそ、どうにかしてあなたを救おうとなしたもう神の御霊《みたま》が、あなたの心に働きかけておられるなによりの証拠であります。

そこで私は、今終わりに臨んで、あなたに次のことをお勧めいたします。

(1)「今日、もし御声を聞くなら、……心を頑なにしてはならない」（ヘブル三・七、八）と聖書にあるように、あなたを救おうとなさる神のみ声に逆らってはなりません。いろいろな理屈をつけて、時を延ばしたり、拒んだりすることはこの上もないたいせつな機会を失うことです。「今は恵みの時、今は救いの日です」（Ⅱコリント六・二）。今という時をなおざりにして、取り返しのつかぬ滅びの淵に陥ったためしはけっして少なくありません。

(2)　ですから、今、即座に、父なる神のみ前にひざまずき、心を静め、今までのいっさいの罪とがを言い表わし、神さまに対するまちがった態度を改めることです。ちょうど親にわびる子供のように、神さまがイエス・キリストの十字架の贖《あがな》いのゆえに、すべての罪を赦し、神の子として自分を受け入れてくださるようにお祈りなさることです。

(3)　このようにまごころから悔い改めの祈りをしたならば、神さまのお約束をそのまま信じ、祈りを聞いてくださる神さまが、すべての罪を赦し、神の子として受け入れてくださったと信じることです。「もし私たちが自分の罪を告白するなら、神は真実で正しい方ですから、その罪を赦し、私たちをすべての不義からきよめてくださいます」（Ⅰヨハネ一・九）。「御子イエスの血がすべての罪から私たちをきよめてくださいます」（Ⅰヨハネ一・七）。

「この方を受け入れた人々、すなわち、その名を信じた人々には、神の子どもとなる特権をお与えになった」（ヨハネ一・一二）

とは聖書の約束であります。

さて、こうしていよいよ神の子と生まれ変わったことがわかったあなたに、なお次のことをお勧めいたします。

＊　＊　＊

(1)　いよいよ救われて神の子となった以上、これからは祈りの生活にはいることです。

私たちのからだは、自然の大気を呼吸し、これと交流して生きております。のどもと三寸の息が絶えた時は死んだ時であります。このように、祈りはたましいの呼吸であって、私たちの小さなたましいは、神さまの大生命と祈りの交流をとおして生きていくものであります。祈りなしにキリスト者のたましいが生きていけないことは、息をしないではからだのいのちが保てないのと同じ道理であります。

「何も思い煩わないで、あらゆる場合に、感謝をもってささげる祈りと願いによって、あなたがたの願い事を神に知っていただきなさい。そうすれば、すべての理解を超えた神の平安が、あなたがたの心と思いをキリスト・イエスにあって守ってくれます」（ピリピ四・六、七）

と聖書にありますように、こんな大きなよい天の父上の子となったからには、何も心配をせず、子供らしくことごとにお祈りをすれば、神さまはまことにお父さまらしく、いっさいの願いに答えてくださるでありましょう。

(2) からだのいのちを保つためには、呼吸とともに食物が必要であるように、たましいのためにも食物が必要であります。

「人はパンだけで生きるのではなく、神の口から出る一つ一つのことばで生きる」(マタイ四・四)

とキリストが言われたように、私たちの霊のいのちは、神のことばである聖書を熟読玩味することにより、または聖書のお話を聞くことによって養われてきます。空腹のときにごちそうを食べておいしく感じるにもまさって、聖書のみことばは、これをよく味わう人には甘美この上ないものとなりましょう。

「あなたのみことばは、私にとって　楽しみとなり、心の喜びとなりました」(エレミヤ一五・一六)

と預言者エレミヤは言いました。

(3) 人のからだは、食べるだけでなく、また運動も必要です。信仰も働かせなければ衰えてしまいます。使わない手はだんだんやせ細っていくように、信仰も活動させないと強くなりません。

救われた者は、また人を救うために働かねばなりません。自分が救われたからとて、どうして滅びる人々を見過ごしにすることができましょうか。身を挺《てい》して人助けのために努力するのが当然であります。

キリストの十字架の犠牲によって救われた者は、また自分から犠牲を払って人を救いに導かねばなりません。こうすることによって、人を救うとともに、自分もいよいよ恵まれるのであります。

(4) 神の子供となったのですから、必ず教会に出席して、信者相互の交わりのうちに、互いに相励まされて信仰の道に進むようにしなければなりません。火でも一つだけころがしておけば消えてしまいます。しかし多く集めれば集めるだけ、盛んに燃えだしてくるように、キリスト者もひとりぼっちではいけません。互いに集まることによって、いよいよ信仰が強くされてきます。子供が仲良く暮らすのを見るほど、親の身にとってうれしいことはないのです。

このように、天の父上も、神の子供らが互いに愛し、助け合い、相提携して働くことを喜びたもうのであります。ひとりぼっちの信者にかぎって、偏屈になり、独断的になり、しばしば真の信仰の道から離れるのが常であります。

「愛と善行を促すために、互いに注意を払おうではありませんか。ある人たちの習慣に倣って自分たちの集まりをやめたりせず、むしろ励まし合いましょう。その日が近づいているとが分かっているのですから、ますます励もうではありませんか」（ヘブル一〇・二四、二五）。

(5)　新しく生まれ変わることは、救いの入り口であります。これから、いよいよ神の恵みの深いところに進み入るために励まなければなりません。信仰生活は自転車に乗っているようなもので、進まなければ倒れてしまいます。

「もはや私が生きているのではなく、キリストが私のうちに生きておられるのです」（ガラテヤ二・二〇）

と使徒パウロは言いました。まことのキリスト者とは、少々自分の生活が改まって安心ができた、というようなことでなく、いっさいの自己中心的な生活に死に別れて、聖霊に満たされ、キリストを心の中に宿し、このからだがそのまま神の宮となってキリストを現わしていくものでありま す。

そこまで信仰の経験が徹底しなければ、永遠に変わらない確固たる神の子の自由と喜びと力とを獲得したものとはいえません。救われたあなたは、いよいよ切実に祈り求めて、高い深い恵みに進まれるようにお勧めいたします。

＊　　＊　　＊

「私たちが神の子どもと呼ばれるために、御父《みちち》がどんなにすばらしい愛を与えてくださったかを、考えなさい。事実、私たちは神の子どもです。……私たちは今すでに神の子どもです。やがてどのようになるのか、まだ明らかにされていません。しかし、私たちは、キリストが現れたときに、キリストに似た者になることは知っています。キリストをありのままに見るからです」（Ⅰヨハネ三・一、二）

と使徒ヨハネは言いました。これは今日においても神の子たる者はそれを経験しております。やがて、私たちの上に現われる栄えはとうてい何にも比べようのないものであります。現在、信仰によって感謝と喜びに満ちあふれています。それでさえも神の恵みのほんの一しずくを味わっているにすぎません。やがての日には、まさにその本源において、いのちの水を飲むことができます。今はおぼろげに信仰の目をもって神を見、キリストを見ていますが、その時には顔を合わせて相見るのであります。そして、私たちのからださえも栄化されて、不朽の栄えの姿となり、神の世継ぎとしての特権が与えられます。前途を望んで、希望は洋々として春の海のように広がり、歓喜は心の中に躍ります。神の恵みは無尽蔵であります。

この計り知れぬ神の恵みの大洋に、今信仰の船出をされたあなたは、いよいよ、ますます進み行かれることをお勧めいたします。

神さまの御祝福があなたの上に豊かにありますように。

解説

本書は、昭和五年に出版されてから、実に通算七十刷以上を重ねてまいりました。その間に、本書によってどれほど多くの人がキリストの救いにあずかってきたことでしょうか。

戦後、凶悪な殺人犯として、死刑確定囚となっていた久米武夫兄が、獄中でこの本を読んで、全く新しく生まれ変わりました。そして熱心に同囚の人たちを信仰に導きました。

やがて死刑執行の直前に、それまで手紙によって信仰を指導していた沢村先生が、知らせを受けて面会に行くと、にこにこと笑顔で近より、「先生、ひと足お先にイエスさまのところに帰ります」と言って抱きついてきました。死刑も迫る最後の二時間、彼は一生懸命になって、救われてからの信仰の恵みの数々を書き残し、沢村先生に託して、絞首台に登って行ったということです。

私は、しばらく絶版になっていた本書を、再版するために原稿に整理しながら、手元にあずかっている沢村先生への久米兄の手紙を広げて読みました。久米兄がこの本を手にした時の喜び、

救いは今です

そして同囚の者がこの本を無理に久米兄から借りて、一心になって書き写している姿——。目に浮かぶようでした。

このたび表紙を、小磯良平先生の絵で飾ることができました。（編者注：前回の改訂版の装丁）

ソドムとコモラの町の滅びを神に告げられたロト夫妻と娘たちが、神の示された山に向かって難を逃れる途中のことでした。けっして後ろをふりむくなという神のことばに背いて、ロトの妻は心ひかれて燃えゆくソドムを見返ったとたん、たちまち塩の柱になってしまったという故事（旧約聖書創世記一九章）をえがいたものです。

また、本書の書名を、「キリスト教案内」を変えて、新しく「救いは今です」といたしました。それは「見よ、今は恵みの時、今は救いの日です」（Ⅱコリント六・二）というみことばに最もふさわしいと思ったからであります。

一九七五年八月十五日

宮本義治

再改訂によせて

昭和五年というから、今から九十五年前になる。沢村五郎著『キリスト教案内』が出版された。沢村五郎は、当時、神戸の御影聖書学舎の校長の役職にあったが、『キリスト教案内』は、瞬く間に人々の心を捉え、次々と重版を重ねた。昭和五十年に『救いは今です』と改題された改訂版が出されたが、「キリスト教案内」の改訂版が一九七五に出された時点で七十刷を重ねていた。

今回、なぜこれほどの刷を重ねたのか、その秘密を探ったが、「キリスト教案内」という、さりげない書名とは裏腹に、その内容は実に深い。キリスト教には無関心だった人々にも、その心を熱くして、読み終わった時には、キリストは自分にとってどのような存在なのか、を問わざるを得ないのではないか。

内容を見てみよう。第一章は〝人間と宗教心〟である。その中に、次のような文がある。「臨終の床に死が迫り、今、この世を去って、永遠のかの世に旅立とうとする時に、無神論は通用いたしません。この世とかの世とを通じて、私たちのたましいを導き守り、栄えの国に伴いたもう救い主なる神の助けを求める宗教心は、どんな人の心の中にも自然と起こってくるはずのものであります」

次に、話題にするのは、真の神、ということである。様々な神という存在がある日本の精神風土の中、創造主なる神について詳述、その見えざる神を明らかにされたキリストの存在が登場する。

「この宇宙の主なる神さまを、人間の父上として、はっきりと手にとるように身をもって示し、そのご性質、みこころ、お働きに至るまで、明らかにご啓示なさったのが、神の子キリストであり、このキリストによって、はじめて真の神さまを知ることができるようになったのでありま す」

ただ、本書の最大の貢献は、人間の救いのために、なぜキリストが十字架に架からねばならなかったのか、という、福音の核心に対し、実に丁寧に解説、そんなことは信じられないという人々にも、納得できる答えを提供していることだろう。

二〇二五年二月

クリスチャン新聞　編集顧問
守部喜雅

沢村五郎（さわむら・ごろう）

1887年6月9日、熊本市に生まれる。18歳の時、ギリシャ正教会の聖書学校で学ぶ。兵役召集により韓国守備隊に入隊。除隊後、御牧碩太郎師を通して日本伝道隊（JEB）の神戸聖書学校に入学。卒業後、博多メソヂスト教会を約4年間牧会。その後英国へ留学。1924年、御影聖書学舎（現在の関西聖書神学校）校長となり50年、1973年3月名誉校長となる。著書に『信仰の手びき』『聖書人物伝』『聖なる愛の歌』『ゆるぎなき人生』『主イエスよ、来てください』、訳書に『キリストの御霊』『救霊の動力』『ローマ書講演』などがある。1977年6月召天。

本書は、『キリスト教案内』（1930年発行）として初版が発行され、その改訂新版が『救いは今です』と改題されて発行されました（1975年）。本書は、その改訂版の聖句を『聖書 新改訳2017』に変更し、若干の編集・修正を加えたものです。

救いは今です 《キリスト教案内》

1975年10月20日改訂新版発行
ニュークラシック・シリーズ
2025年4月1日発行

著　者　沢村五郎
印　刷　日本ハイコム株式会社
発　行　いのちのことば社
〒164-0001 東京都中野区中野2-1-5
TEL03-5341-6923／FAX03-5341-6932
e-mail:support@wlpm.or.jp
http://www.wlpm.or.jp

ISBN 978-4-264-04544-1

ニュークラシック・シリーズの刊行にあたって

いのちのことば社は創立以来今日まで、人々を信仰の決心に導くための書籍、信仰の養いに役立つ書籍の出版を続けてきました。このたび創立七十周年を迎えるにあたり、過去に出版された書籍の中から、「古典」と目されるものや、将来的に「古典」となると思われるものを、読者の皆様のご意見を参考にしながら厳選し、シリーズ化して順次刊行することにいたしました。聖句は原則として「聖書 新改訳2017」に差し替え、本文も必要に応じて修正します。

今の時代の人々に読んでいただきたい、今後も読み継がれていってほしいとの願いを込めて、珠玉のメッセージをお届けします。

二〇二〇年